PRACUJĄCEJ

W tej serii ukazały się

Jack Canfield i Mark Victor Hansen

BALSAM DLA DUSZY I

BALSAM DLA DUSZY II

BALSAM DLA DUSZY III

Jack Canfield, Mark Victor Hansen,
Diana von Velanetz Wentworth

BALSAM DLA DUSZY – KSIĄŻKA KUCHARSKA

Jack Canfield, Mark Victor Hansen,
Jennifer Read Hawthorne, Marci Shimoff

BALSAM DLA DUSZY KOBIETY

Og Mandino

DAR ZŁOTOUSTEGO

Whitney Otto

SKRAWKI ŻYCIA

W przygotowaniu

BALSAM DLA DUSZY IV

BALSAM DLA DUSZY PRACUJĄCEJ

czyli
101 opowieści o odwadze, współczuciu
i twórczym podejściu do pracy
zebranych i spisanych przez

JACKA CANFIELDA,
MARKA VICTORA HANSENA,
MAIDĘ ROGERSON,
MARTINA RUTTE'A i TIMA CLAUSSA

Przełożyła
Joanna Gołyś

REBIS

DOM WYDAWNICZY REBIS
POZNAŃ 1998

Tytuł oryginału
Chicken Soup for the Soul™ at Work

Redaktor
Dorota Strzałko

Opracowanie graficzne
NOWY SWING PRODUCTION
Cezary Ostrowski

Zdjęcie na okładce
Index Stock/BE&W

Wydanie I

ISBN 83-7120-576-7

Dom Wydawniczy REBIS Sp. z o.o.
ul. Żmigrodzka 41/49, 60-171 Poznań
tel. 867-47-08, 867-81-40; fax 867-37-74
e-mail: rebis@pol.pl

Fotoskład: Z.P. *Akapit*, Poznań, ul. Czernichowska 50B, tel. 87-93-888

**Druk i oprawa: Drukarnia Wydawnicza im. W. L. Anczyca S.A.
Kraków. Zam. 362/98**

Tam więc, gdzie nasza praca, niechaj będzie i radość.

Tertulian

Z miłością książkę tę dedykujemy
pracującym duszom na całym świecie,
które trudzą się w duchu miłości, służby i celu.
Żywimy głęboki szacunek dla waszej energii,
twórczego podejścia,
troski i zaangażowania.
Niechaj na was, wasze rodziny i otoczenie
spłyną największe błogosławieństwa
w nagrodę za jedyny w swoim rodzaju
wkład w życie Wszechświata.

To oburzające, że dyrekcja traktuje nas jak dzieci,
ale te opowiastki *naprawdę* coraz bardziej mi się podobają.

Podziękowania

Zebranie, napisanie i wydanie *Balsamu dla duszy pracującej* zajęło nam ponad rok. Dla nas wszystkich był to prawdziwie twórczy wysiłek. Jedną z największych radości podczas tworzenia tego tomu opowieści stanowiła praca z ludźmi, którzy poświęcili całemu przedsięwzięciu nie tylko swój czas i uwagę, ale włożyli w nie także swoje serca i dusze. Pragniemy podziękować za wkład i zaangażowanie następującym osobom, bez których książka nie mogłaby powstać:

Naszym rodzinom, które przez cały okres pracy nad przedsięwzięciem ofiarowywały nam miłość i wsparcie i tym samym stanowiły balsam dla naszych dusz!

Heather McNamara za redakcję i przygotowanie ostatecznej wersji książki z jasnością, lekkością i gracją. Głęboko cenimy twą cierpliwość, ogromny wysiłek i drogocenne wskazówki. Pracować z tobą to prawdziwa radość!

Patty Aubery za zachętę i inspirację, szczególnie w trudnym okresie nadawania książce ostatecznego kształtu.

Nancy Mitchell za wytrwałość i nieustępliwość w procesie zdobywania praw autorskich do wszystkich opowiadań.

Veronice Romero i Julie Knapp za pomoc w tym, by codzienna praca w biurze Jacka przebiegała gładko.

Rosalie Miller, która karmiła nas swoimi smakołykami i miłością w ciągu ostatnich tygodni przygotowywania ostatecznej wersji zbioru.

Trudy Klefsted z Office Works za to, że po nocach przepisywała warianty ostatecznej wersji książki.

Sarah Ann Langston, która, gdy czas nas gonił, przepisała wiele opowiadań.

Valerie Santagto za jej twórcze podejście fotograficzne i profesjonalizm.

Naszemu najdroższemu przyjacielowi Douglasowi Blairowi za miłość, słowa zachęty i troskę, którą okazywał nam przez wszystkie dni pracy.

Wielkie i wyjątkowe podziękowania należą się autorom opowiadań, którzy mieli przecież największy i najbardziej inspirujący wkład w powstanie niniejszej książki. Mamy nadzieję, że ich dary pomogą wam w karierze i wzbogacą środki wyrażania siebie w świecie.

Chcielibyśmy również wyrazić uznanie setkom osób, które nadesłały nam opowiadania, wiersze i cytaty jako propozycję do *Balsamu dla duszy pracującej*. Mimo iż nie byliśmy w stanie umieścić w książce ich wszystkich, głęboko wzruszyła nas wasza szczera chęć podzielenia się sobą i swoimi opowieściami z nami i naszymi czytelnikami.

Jesteśmy też bardzo wdzięczni wszystkim tym, którzy przyczynili się do powstania pozostałych części *Balsamu dla duszy*, za miłość włożoną w realizację całego przedsięwzięcia i nieustającą chęć dzielenia się swoimi opowieściami.

Pragniemy również podziękować osobom, które przeczytały pierwsze, dalekie od efektu końcowego, wersje ponad stu sześćdziesięciu opowiadań, pomogły nam w dokonaniu ostatecznego wyboru i obdarzyły cennymi uwagami dotyczącymi poprawienia kształtu książki. Są to Mavis Allred, Missy Alpern, Gina Armijo, Barbara Astrowsky, Shawn Berry, Douglas Blair, Rick Blake, Mike Blower, Leslie Boardman, Hal Bolton, Linda Bradley, Donna Burke, Mary Clark, Armond i Lorraine Clauss, Patricia Cole, Marlene M. Coleman, Amy Connolly,

Sandford Daigle, Ron Delpier, Sander Feinberg, Susan i David Gardinowie, Fredelle Gudofsky, Douglas Hoover, Nick Kleto, Linda Masterson, Bob i Carolyn McClellanowie, Wally Michaels, Linda Naiman, Dave Potter, Ross Praskey, Amy Rogerson, John Scherer, Carol Schultz, Michael Shandler, Ellen Sloan, John St. Augustine, Mary Tanton, Joan i Leith Thompsonowie i Roy Trueblood.

A oto osoby, które pomogły nam, dostarczając opowiadania dosłownie w ostatniej chwili: Thea Alexander, Richard Barrett, Ken Blanchard, Charles Bower, Don Brown, Stephanie Clarke, Paul i Layne Cutrightowie, Stan Dale, Chris Douglas, Burt Dubin, Nicholas Economou, Warren Farrell, Ann Feyerherm, John E. Foley, Kay Gilley, Scott Gross, Jennifer Kirberger, Janet Larson, Steven Lawson, Diane Loomans, Dorothy Marcic, Judy Meyering i Diane Montgomery z CareerTrack, Jonathon Moyners, Bryan Murray, Richard Navarrette, Tim Piering, Morton Ritts, John Scherer, Ron Scoastico, Marci Shimoff, Frank Siccone, Robert Siccone, Sue Smink z Pryor Report, Pat Sullivan, Grant Sylvester, Marta Vago, Jonathan Wygant i Elsie F. Zala.

Najserdeczniejsze podziękowania dla:

Petera Vegso i Gary'ego Seidlera z Health Communications za wiarę w tę książkę od chwili, gdy padła propozycja jej napisania, i za oddanie jej w ręce milionów czytelników. Dziękujemy, Peterze i Gary!

Christine Belleris, Matthew Dienera i Marka Colucci, naszych redaktorów z Health Communications, którzy dołożyli wszelkich starań, by książka uzyskała ostateczny kształt.

Arielle Ford i Kim Weiss, naszych publicystek, które wciąż rozpowszechniają informacje o serii *Balsam dla duszy*.

Pisanie *Balsamu dla duszy pracującej* było przedsięwzięciem tak ogromnym, że jesteśmy pewni, iż pominęliśmy nazwiska niektórych osób, które nas wspierały. Przykro nam, jeśli się tak stało – wiedzcie, że żywimy głęboką wdzięczność dla każdego z was.

Wreszcie nie potrafimy znaleźć odpowiednich słów, które mogłyby wyrazić naszą wdzięczność dla żywego Ducha, który daje nam wszystkim inspirację. Dzięki jego obecności w naszym życiu praca ta staje się zabawą i bezpośrednim wyrazem celu, ku jakiemu zdążają nasze dusze.

Wprowadzenie

Pewien znakomicie prosperujący biznesmen wybrał się do Indii, żeby przez miesiąc popracować w jednym z domów opieki Matki Teresy. Bardzo chciał się spotkać z nią samą, jednak Matka przez cały czas była w podróży i udało mu się otrzymać zgodę na rozmowę dopiero na dzień przed odjazdem. Kiedy wreszcie znalazł się przed nią, ku swemu wielkiemu zdziwieniu, wybuchnął płaczem. Przed oczami stanęły mu wszystkie te chwile, gdy skupiał się wyłącznie na sobie i zabiegał o własne zyski, i poczuł ogromny smutek, iż utracił tak wiele sposobności, aby dawać i dzielić się z innymi własnymi zasobami. Matka Teresa podeszła do niego w milczeniu, położyła mu dłonie na ramionach i spojrzała głęboko w oczy. „Czyżbyś nie zdawał sobie sprawy z tego, że Bóg wie, iż starasz się najlepiej, jak potrafisz?" – rzekła.

Praca stanowi integralną część naszego życia, wypełnionego najróżniejszymi doświadczeniami. Podczas pisania tej książki otrzymywaliśmy opowiadania od nauczycieli i inżynierów, stolarzy i księgowych, od artystów, menedżerów, gospodyń domowych i przedstawicieli wielu innych zawodów. Czytając je, czuliśmy się głęboko poruszeni ogromem serca i wspaniałego ducha, które ludzie wkładają w wykonywaną przez siebie pracę. Dzień w dzień wszyscy przecież wstajemy rano, nierzadko musimy w pośpiechu uporać się z obowiązkami rodzinnymi, po czym idziemy do pracy, by spędzić osiem, dziesięć, a nawet dwanaście godzin, kreując nasz wkład w rzeczywistość. Oto zaangażowanie w działaniu.

W naszych miejscach pracy dosłownie każdego dnia zachodzą zmiany – mimo to wciąż pragniemy, by również i tam zaspokajano nasze podstawowe, ludzkie potrzeby: pragnienie znaczących związków międzyludzkich, twórczego spełnienia i zapewnienia, że nasza praca jest ceniona i ważna.

Obserwujemy zdecydowane sygnały, iż podejście do pracy ulega całkowitej odnowie. Widać to chociażby w tytułach niektórych rozdziałów tej książki, takich jak „Potęga uznania"– gdzie odkryto pozytywną, afirmującą energię pochwały, lub „Idź za głosem serca", który podkreśla wartość wiedzy intuicyjnej.

Możecie wykorzystać te historie na wiele sposobów: jako „coś miłego do poczytania", bodziec do przemyśleń lub azyl dla chwili wytchnienia, gdy powodzi wam się dobrze czy źle, jednak najważniejsze jest to, abyście podzielili się nimi z przyjaciółmi i współpracownikami. Niechaj te opowieści skłonią was do dyskusji i wymiany poglądów. Jeśli któraś z nich was zainspiruje, podzielcie się ową inspiracją; gdy rozbawi, zaraźcie innych śmiechem; a kiedy poruszy wasze serca, pozwólcie, by dotknęła serc innych ludzi.

W czasie tak bliskim już początku nowego tysiąclecia powinniśmy się wzajemnie wspierać w naszej pracy i uczynić wszystko, aby dostarczała nam spełnienia, satysfakcji oraz przyczyniała się do budowania wspólnego dobra. Jak stwierdził Tomasz z Akwinu: „Bez radości z pracy nie ma radości życia".

Lektura tych opowieści przypomni wam raz jeszcze, tak jak przypomniała nam, iż ponad wszystko jesteśmy pracującymi duszami – kochającymi, wzrastającymi i nieustannie się rozwijającymi – starającymi się najlepiej, jak umiemy.

Nic lepszego dla człowieka, niż żeby jadł i pił,
i duszy swej pozwalał zażywać szczęścia
przy swojej pracy (Koh 2, 24).

1

Miłość w działaniu

Praca to uwidoczniona miłość.

Kahlil Gibran

Rękawica Jessiego

Odruch życzliwości lub współczucia nierzadko stanowi nagrodę sam w sobie.

William J. Bennett

Co roku prowadzę mnóstwo kursów menedżerskich w krajowej sieci domów towarowych Circle K Corporation. Pośród tematów, które podejmujemy na seminariach, znajduje się kwestia zatrzymania w firmie doskonałych pracowników będąca prawdziwym wyzwaniem dla menedżerów, zważywszy na skale płac w sektorze usług. Podczas seminaryjnych dyskusji zadaję uczestnikom pytanie: „Co skłoniło was do pozostania w firmie wystarczająco długo, by awansować na stanowisko menedżera?" Pewnego razu temat podjęła niedawno awansowana kobieta i wolno, niemal łamiącym się głosem odpowiedziała:

– W moim przypadku była to rękawica baseballowa za dziewiętnaście dolarów.

Cynthia powiedziała grupie, że początkowo traktowała posadę sprzedawczyni w Circle K jako zajęcie tymczasowe i od razu rozglądała się za lepszą pracą. Drugiego czy trzeciego dnia stania za ladą zadzwonił jej dziewięcioletni syn, Jessie. Chłopcu potrzebna była rękawica baseballowa na rozgrywki w Małej Lidze. Kobieta wyjaśniła, że w tym czasie wychowywała syna samotnie i raczej jej się nie przelewało, całą zaś pierwszą pensję już dawno miała zamiar przeznaczyć na opłacenie zaległych rachunków. Poinformowała więc syna, że kupi mu rękawicę, kiedy otrzyma drugą lub trzecią wypłatę.

Kiedy Cynthia pojawiła się w pracy następnego ranka, kierowniczka sklepu, Patricia, poprosiła ją o przyjście do niewielkiego pokoiku na tyłach magazynu, który służył za biuro. Cynthia zachodziła w głowę, czy przypadkiem nie zrobiła czegoś źle lub nie zaniedbała czegoś poprzedniego dnia. Była zmartwiona i zmieszana.

Patricia wręczyła jej jakieś pudełko.

– Przypadkowo słyszałam wczoraj pani rozmowę z synem – powiedziała. – Wiem, że nie jest łatwo wyjaśniać dzieciom podobne rzeczy. Oto rękawica baseballowa dla Jessiego, ponieważ chłopiec mógłby poczuć, że nie jest wystarczająco ważny tylko dlatego, że musi pani najpierw popłacić rachunki. Niestety, nie możemy płacić tak doskonałym pracownikom jak pani tyle, ile byśmy chcieli, jednak obchodzi nas los naszych pracowników i chcę, aby pani wiedziała, iż bardzo nam na pani zależy.

Rozwaga, empatia i miłość zademonstrowane przez tę kierowniczkę sklepu ukazują żywo fakt, iż w pamięci ludzkiej znacznie mocniej zapisuje się troska okazywana przez pracodawcę niż cyfry, na które opiewa pensja. Oto ważna lekcja za cenę baseballowej rękawicy zawodnika Małej Ligi.

Rick Phillips

Schody do nieba

Nikt, komu obce jest współczucie zrodzone z miłości, nie może pojąć ludzkiego serca.

Henry Ward Beecher

Podczas mojej kariery sprzedawczyni niejednokrotnie zastanawiali mnie trudni klienci. Dlaczego są tacy potworni? Jak mogą być aż tak nieuprzejmi? Jakim sposobem całkiem rozsądnie wyglądające osoby potrafią w mgnieniu oka całkowicie zatracić poczucie ludzkiej godności?

Pewnego razu dane mi było wejrzeć w sposób myślenia kogoś takiego. Było to w dniu, kiedy wstąpiłam na chwilę do sklepu muzycznego męża. Obsługiwał właśnie jakiegoś klienta, a ponieważ w sklepie brakowało sprzedawców, zrobiłam to, co powinna uczynić każda dobra żona: stanęłam za ladą.

– Szukam takiego jednego kawałka – rzucił przygarbiony mężczyzna w wytłuszczonej czapce wciśniętej ciasno na rzadkie, siwiejące włosy. – Ta piosenka ma tytuł... – Wyjął z kieszeni dżinsów przybrudzoną, odbitą na ksero kartkę papieru i rozwinął ją. – *Schody do nieba.* Macie ją?

Podeszłam do wyeksponowanych na półkach nut i szukałam wzrokiem tytułu. Każdego innego, dobrego dnia nuty wypełniały przegródki w porządku alfabetycznym, zdaje się jednak, że tym razem literki rozsypały się zupełnie i pomieszały. Przeszukiwałam rzędy półek przez kilka minut, wyczuwając jego wzrastające zniecierpliwienie.

– Przykro mi, ale wygląda na to, że nie mamy tego utworu.

Mężczyzna przygarbił się, a z jego jasnoniebieskich oczu pozostały jedynie złowieszcze szparki. Żona niemal niepostrzeżenie dotknęła jego rękawa, jak gdyby chciała go odciągnąć do drzwi. Wąskie wargi mojego klienta wykrzywiła złość.

– No to pięknie. I wy śmiecie się nazywać sklepem muzycznym? Co to za sklep, który nie ma na składzie czegoś takiego? Przecież tę piosenkę zna każde dziecko! – rzucił zjadliwie.

– Tak, ale nie posiadamy każdego utworu, jaki kiedykolwiek...

– O tak, nie wątpię! Nie wątpię, że zawsze znajdziecie jakąś wymówkę! – W tym momencie uczepiona jego rękawa żona szeptem usiłowała go uspokoić w sposób, w jaki stajenny poskramia znarowionego konia.

Rozwścieczony mężczyzna nachylił się ku mnie i wycelował w moją twarz powykręcany palec.

– Wiedziałem, że nikt nie zrozumie! Nic was nie obchodzi śmierć mojego chłopca! Nic was nie obchodzi, że rozbił swojego camaro na tym wielkim drzewie. On nie żyje, a na pogrzebie mają mu zagrać jego ulubioną piosenkę! Nie ma go już! Miał zaledwie osiemnaście lat i nie żyje!

Mój wzrok padł na kartkę papieru, którą wymachiwał mi przed nosem. Był to program nabożeństwa żałobnego.

– Wiedziałem, że nie zrozumiecie – wymamrotał i schylił głowę. Jego żona objęła go ramieniem i stała bez słowa u jego boku.

– Nie jestem w stanie pojąć pańskiej wielkiej straty – powiedziałam spokojnie – ale chcę, żeby pan wiedział, że i my miesiąc temu pochowaliśmy czteroletniego bratanka i dlatego wiem, jak to boli.

Mężczyzna spojrzał na mnie. Z jego twarzy znikł gniewny wyraz. Westchnął.

– Co za los, prawda? Cholerny świat.

Staliśmy w milczeniu przez dłuższą chwilę, po czym z tylnej kieszeni wyciągnął sfatygowany portfel.

– Czy chciałaby pani zobaczyć zdjęcie naszego chłopca?

Joanna Slan

„Wszystko, czego ci potrzeba"

To, co z serca pochodzi, do serca powraca.

Jeremiah Burroughs

Pracowałem właśnie jako konsultant w browarze, pomagając prezesowi przedsiębiorstwa i jego głównemu zastępcy w sformułowaniu i wprowadzeniu w życie nowej strategii. Zadanie to stanowiło dla mnie ogromne wyzwanie.

W tym samym okresie moja matka przechodziła ostatnie stadium raka.

Po pracy pokonywałem czterdzieści mil, aby być przy niej każdego wieczoru. Było to męczące i stresujące, ale tego właśnie chciałem. Mimo że odczuwałem duże przeciążenie, pragnąłem wykonywać obowiązki konsultanta bez zarzutu. Nie miałem zamiaru zawracać prezesowi głowy swoją sytuacją, czułem jednak, że dobrze by się stało, gdyby ktoś w przedsiębiorstwie wiedział, co się ze mną dzieje. Zwierzyłem się więc wicedyrektorowi biura do spraw personalnych, przy czym poprosiłem go, żeby nikomu nic nie mówił.

Kilka dni później sam prezes wezwał mnie do swojego gabinetu. Sądziłem, że chce ze mną omówić jedną z licznych kwestii, nad którymi pracowaliśmy. Kiedy wszedłem, poprosił, żebym usiadł, spojrzał mi w oczy znad szerokiego biurka i powiedział:

– Słyszałem, że pańska matka jest śmiertelnie chora.

Jego słowa zaskoczyły mnie tak bardzo, że wybuchnąłem płaczem, a on tylko popatrzył na mnie, poczekał, aż się uspokoję, i cicho wypowiedział zdanie, którego nigdy nie zapomnę:

– Niech pan prosi o wszystko, czego panu potrzeba.

To wystarczyło. Jego zrozumienie i chęć, aby pozwolić mi przeżywać swój ból w połączeniu z zaoferowaniem mi wszystkiego, czego mógłbym potrzebować, stanowiły wyraz współczucia, którego wspomnienie noszę w sobie po dziś dzień.

Martin Rutte

Tym, czego panu potrzeba, panie Terwilliger, jest odrobina troski, delikatne, krzepiące poklepanie po ramieniu, zainteresowanie i ciepły uśmiech. Obawiam się jednak, że tego na studiach medycznych nie przerabialiśmy.

Jeden dzień w pracy

Jeśli jednemu życiu ujmę cierpienia,
czy jeden ból uśmierzę,
jeśli jednego małego ptaszka
z powrotem do gniazda włożę,
nie będę żyła na próżno.

Emily Dickinson

Przyjęto go podczas ostrego dyżuru i umieszczono na oddziale kardiologicznym. Długowłosy mężczyzna z kilkudniowym zarostem, brudny, zatrważająco otyły, z czarną kurtką motocyklisty w pośpiechu rzuconą na nosze prezentował się jak prawdziwy outsider w sterylnym świecie lśniących podłóg z terakoty, wiarygodnych specjalistów w białych fartuchach i surowych zasad higieny. Istny niedotykalny.

Pielęgniarki dyżurne szeroko otwierały oczy ze zdumienia, gdy ta góra o ludzkich kształtach przemieszczała się przez korytarz, przy czym każda z nich nerwowo zerkała na przełożoną Bonnie. Ich błagalny wyraz twarzy sygnalizował nie wypowiedzianą prośbę: „Niech tylko mnie nie przypadnie przyjmowanie go na oddział, mycie i inne obowiązki..."

Jedną z cech przełożonego z prawdziwego zdarzenia lub doświadczonego profesjonalisty jest robienie rzeczy nie do pomyślenia, radzenie sobie z tym, co niemożliwe, i dotykanie tego, czego dotknąć nie sposób. Dlatego to właśnie Bonnie stwierdziła:

– Sama zajmę się tym pacjentem. – Był to gest niezwykły i raczej nietypowy jak na przełożoną pielęgniarek; jeden z tych, dzięki którym duch ludzki kwitnie, doznaje uzdrowienia i wznosi się na wyżyny.

Kiedy Bonnie włożyła gumowe rękawice i zabrała się do obmywania tego ogromnego, brudnego mężczyzny, miała wrażenie, że za chwilę pęknie jej serce. Gdzie jest jego rodzina? Kim była jego matka? Jaki był jako mały chłopiec? Mruczała cichutko pod nosem podczas swojego zajęcia. Wydawało się jej, że złagodzi to nieco strach i zakłopotanie, które na pewno odczuwał.

A potem, zupełnie ni z tego ni z owego, powiedziała:

– W dzisiejszych czasach w szpitalu nie mamy zbyt wiele czasu na masaże pleców, ale założę się, że panu coś takiego doskonale by zrobiło. Mogłoby dopomóc w rozluźnieniu mięśni i rozpoczęciu procesu zdrowienia. A temu przecież ma służyć pobyt w tym miejscu... zdrowieniu.

Gruba, zaczerwieniona, łuszcząca się skóra opowiadała historię niezdrowego stylu życia: prawdopodobnie świadczyła o nieodpowiednim odżywianiu, nadużywaniu alkoholu i narkotyków. Kiedy Bonnie rozcierała stwardniałe, napięte mięśnie, pomrukiwała cicho i modliła się. Modliła się za duszę małego chłopca w tym dorosłym, którego brutalność życia wyrzuciła na margines i zmusiła do walki o akceptację w okrutnym, wrogim świecie.

Masaż zakończyła olejkiem rozgrzewającym i pudrem dla dzieci. Niemal zachciało się jej śmiać – taki stanowił kontrast dla owej szorstkiej, nieprzyjemnej skóry. Kiedy jej pacjent przewrócił się na plecy, po jego policzkach popłynęły łzy i zaczęła mu się trząść broda. Uśmiechnął się do niej zdumiewająco pięknymi, brązowymi oczami i drżącym głosem powiedział:

– Od lat nikt mnie nie dotknął. Dziękuję. Już zdrowieję.

Naomi Rhode

Usłyszałam cichy głos

Wierne postępowanie zgodnie z tym, co uważamy za prawdę, wymaga nie lada odwagi.

Sara E. Anderson

Pracowałam wtedy z młodym człowiekiem, który dobiegał trzydziestki i był o krok od śmierci. Jego rodzice przyjeżdżali z miasta do szpitala, żeby spędzać z nim jak najwięcej czasu. Pozostawali przy nim przez wiele godzin, po czym robili sobie przerwę na obiad. Podczas jednej z takich przerw ich syn zmarł. Rodzice czuli się zrozpaczeni, szczególnie matka – jej syn odszedł z tego świata i na dodatek stało się to w chwili, gdy jej przy nim nie było. Rzecz jasna kobieta była zupełnie roztrzęsiona – często kładła głowę na piersi syna i płakała.

Kiedy tak stałam obok niej, wyraźnie usłyszałam w głowie cichy głos, który mówił: *Zaproponuj, żeby położyła się na łóżku obok niego i przytuliła go.* Natychmiast przywołałam się do porządku. *Jak mogłabym sugerować coś podobnego? A jeśli ktoś ich zobaczy? Co pomyślą ludzie?* Próbowałam zignorować głos w nadziei, że się uciszy. Nic z tego. Po kilku sekundach odezwał się bardziej intensywnym, natarczywym tonem: *Ona musi położyć się obok syna i wziąć go w ramiona!*

– Czy chciałaby pani położyć się na łóżku i przytulić syna? – usłyszałam swój własny głos.

Kobieta rzuciła się w stronę łóżka. Zostałam przy niej, podczas gdy ona trzymała syna w ramionach, głaskała go po twarzy, mówiła do niego i śpiewała mu. Te chwile spędzone z matką i synem należą niewątpliwie do najwspanialszych momentów mojego życia. Fakt, iż mogłam być z nią w chwili, gdy żegnała się z dzieckiem na zawsze, odczułam jako niezwykłe błogosławieństwo.

Anne Walton

Bożonarodzeniowy człowiek

Gdy porzucamy myślenie przede wszystkim o sobie i zabieganiu o własne interesy, doznajemy naprawdę niezwykłej przemiany świadomości.

Joseph Campbell

Ostatnie święta Bożego Narodzenia były dla mnie naprawdę trudnym czasem. Cała moja rodzina i wszyscy bliscy przyjaciele przebywali w domu, na Florydzie, a ja zostałam sama w raczej chłodnej Kalifornii. Miałam wtedy tendencję do przepracowywania się i w końcu poważnie zachorowałam.

Pracowałam na dwie zmiany w kasie biletowej linii lotniczych Southwest Airlines. Była godzina dziewiąta w wigilię Bożego Narodzenia, a ja nie czułam się, niestety, najlepiej. Na zmianie dyżurowało kilka osób, aby obsłużyć nielicznych o tej porze klientów. W chwili gdy przyszedł czas, żebym zawołała następną osobę, wychyliłam się i ujrzałam sympatycznego starszego mężczyznę z laską. Niezwykle wolno podszedł do kontuaru i cichym głosem poinformował mnie, że chciałby się dostać do Nowego Orleanu. Wyjaśniłam mu, że tej nocy nie ma już lotów do Nowego Orleanu, więc będzie musiał poczekać do rana. Ta wiadomość zupełnie wytrąciła go z równowagi – wyglądał na bardzo zmartwionego. Usiłowałam dowiedzieć się czegoś więcej, pytając, czy ma rezerwację i czy pamięta, kiedy miał lecieć, jednak on z każdym następnym pytaniem wydawał się coraz bardziej zagubiony. Powtarzał tylko: „Powiedziała, że muszę lecieć do Nowego Orleanu".

Po długim wypytywaniu udało mi się wyciągnąć z niego to, że w wigilię Bożego Narodzenia został wyrzucony na bruk przez swoją bratową i wysłany do Nowego Orleanu, gdzie podobno miał rodzinę. Kobieta dała mu trochę pieniędzy i kazała mu tutaj wejść po bilet. Kiedy spytałam, czy mógłby do nas wrócić jutro, odpowiedział, że ona już odjechała, a on nie ma się gdzie podziać. Potem stwierdził, że poczeka na lotnisku do rana. Rzecz jasna poczułam się trochę zawstydzona. Ja tu użalałam się nad własną samotnością w święta, gdy ten anioł o imieniu Clarence MacDonald został zesłany, aby przypomnieć mi, co naprawdę oznacza opuszczenie. Moje serce ścisnął ból.

Natychmiast zapewniłam go, że wszystkim się zajmiemy, po czym agent z biura obsługi klientów zarezerwował mu miejsce na najwcześniejszy poranny lot. Zaoferowaliśmy mu bilet dla emeryta, dzięki czemu zaoszczędził pewną kwotę na inne wydatki. Po tym wszystkim staruszek zaczął wyglądać na naprawdę zmęczonego, więc wyszłam zza kontuaru, żeby zapytać, jak się czuje, i dostrzegłam, że ma zabandażowaną nogę. Okazało się, że przez cały czas stał, wspierając się na chorej nodze, z plastykową torbą pełną ubrań w ręce.

Posłałam po wózek inwalidzki, a kiedy się pojawił, obstąpiliśmy go i pomogliśmy staruszkowi usadowić się w nim, a ja zauważyłam niewielką plamkę krwi na bandażu. Zapytałam, co się stało z jego nogą, a on odpowiedział, że niedawno miał operację na otwartym sercu i pobierano mu arterię z nogi. Czy możecie sobie wyobrazić coś podobnego? Ten człowiek przeszedł niebezpieczną operację serca i krótko potem wyrzucono go na bruk, każąc mu kupić bilet bez rezerwacji i samemu lecieć do Nowego Orleanu!

Nigdy wcześniej nie miałam do czynienia z podobną sytuacją i nie byłam pewna, co mogę zrobić. Udałam się do swoich zwierzchników z zapytaniem, czy nie moglibyśmy znaleźć panu MacDonaldowi jakiegoś noclegu. Zgodzili się i załatwili mu miejsce w hotelu oraz talon na kolację i śniadanie. Wróciłam do kasy i powierzyłam torbę i laskę staruszka bagażowemu, który za drobny napiwek miał go odprowadzić do autokaru. Pochyliłam się nad wózkiem, żeby wyjaśnić mu wszystkie szczegóły związane z noclegiem, wyżywieniem i planem podróży, po czym poklepałam go po ramieniu i zapewniłam, że wszystko będzie dobrze.

Na odchodnym powiedział tylko „dziękuję", pochylił głowę i rozpłakał się. I mnie popłynęły łzy. Kiedy dziękowałam za wszystko mojej zwierzchniczce, uśmiechnęła się tylko i stwierdziła:

– Uwielbiam takie historie. On jest twoim bożonarodzeniowym człowiekiem.

Rachel Dyer Montross

Życiowe zadanie

Niech piękno tego, co kochasz, stanie się tym, co robisz.

Rumi

Kiedy umarła jego żona, najmłodsze dziecko miało dwa lata. Mieli jeszcze sześcioro dzieci – trzech chłopców i trzy dziewczynki w wieku od czterech do szesnastu lat.

Po kilku dniach od chwili, w której został wdowcem, z wizytą przybyli rodzice jego i jego zmarłej żony.

– Naradziliśmy się co do tego, w jaki sposób mógłbyś sobie teraz ze wszystkim poradzić – stwierdzili. – To niemożliwe, żebyś był w stanie zaopiekować się dziećmi i jednocześnie zarabiać na życie. Postanowiliśmy, że najlepszym wyjściem będzie umieszczenie każdego dziecka u innej ciotki albo wuja. Tym sposobem wszystkie będą mieszkać w okolicy, więc będziesz mógł je widywać, kiedy tylko zechcesz...

– Nie macie pojęcia, jak bardzo doceniam waszą pomysłowość – odpowiedział mężczyzna. – Chcę jednak, żebyście wiedzieli – ciągnął z uśmiechem – że jeśli dzieci będą mi przeszkadzać w pracy lub też będziemy potrzebować jakiejkolwiek pomocy, na pewno damy wam znać.

Przez następne kilka tygodni mężczyzna naradzał się z dziećmi, przydzielając im obowiązki i zadania, za które miały się czuć odpowiedzialne. Dwie starsze dziewczynki, dwunastoletnia i dziesięcioletnia, zajęły się praniem, gotowaniem i innymi pracami domowymi. Dwóch starszych chłopców, szesnastolatek i czternastolatek, pomagało ojcu w polu.

Niespodziewanie przyszedł następny cios. Mężczyzna zachorował na artretyzm. Ręce mu spuchły i nie mógł już w nich utrzymać narzędzi. Dzieci doskonale radziły sobie z obowiązkami, ojciec widział jednak, że już dalej tak żyć się nie da. Sprzedał więc farmę i przeprowadził się wraz z rodziną do małego miasteczka, gdzie otworzył niewielki prywatny interes.

Okolica życzliwie przyjęła nowych mieszkańców, a interes ojca naprawdę rozkwitł. Mężczyzna czerpał wielką satysfakcję z kontaktu z ludźmi i służenia im. Wieści o jego miłej powierzchowności i doskonałej obsłudze zaczęły zataczać coraz szersze kręgi. Klienci przyjeżdżali do niego nawet z bardzo daleka. Dzieciaki pomagały mu zarówno w domu, jak i w pracy. Zadowolenie, jakie ich ojciec czerpał z własnej pracy, dawało im satysfakcję, a on cieszył się ich sukcesami.

Dzieci dorosły i założyły własne rodziny. Pięcioro z całej siódemki skończyło college, najczęściej po ożenku bądź zamążpójściu, przy czym każde z nich samo opłaciło swoją naukę. Sukcesy edukacyjne dzieci niezmiernie cieszyły ojca, gdyż on sam skończył tylko sześć klas.

Następnie przyszedł czas na wnuki. Nikt nie cieszył się nimi bardziej niż ten człowiek. Kiedy trochę podrosły, zapraszał je do domu i miejsca pracy. Dawali sobie wzajemnie mnóstwo radości.

Wreszcie najmłodsza córka – ta, która w dniu śmierci matki miała zaledwie dwa lata – wyszła za mąż.

Mężczyzna, zakończywszy pracę swego życia, zmarł. Zadaniem życiowym owego człowieka było samotne, lecz dające wiele radości wychowywanie własnych dzieci. Był moim ojcem, a ja jego szesnastoletnim synem, najstarszym z całej siódemki.

Wyverne Flatt

Z miłości do ojca

Miłość wszystko zwycięża, więc i my przed nią skapitulujmy.

Wergiliusz

Przez wszystkie lata mojego życia nigdy nie uważałem własnego ojca za człowieka bardzo uczuciowego i tak naprawdę nigdy taki nie był, przynajmniej w mojej obecności. Mimo że miał sześćdziesiąt osiem lat i tylko pięć stóp i dziewięć cali wzrostu, a ja mierzyłem sześć stóp i ważyłem dwieście sześćdziesiąt funtów, nadal postrzegałem go jako olbrzyma. Nieodmiennie widziałem w nim zagorzałego zwolennika dyscypliny, który z rzadka tylko zdobywa się na uśmiech. Kiedy byłem małym chłopcem, ojciec nigdy nie mówił mi, że mnie kocha, ja zaś nie miałem mu tego za złe. Sądzę, że tak naprawdę zawsze pragnąłem jedynie tego, by tata był ze mnie dumny. Za moich młodych lat to mama nieustannie zasypywała mnie potokiem zwrotów typu: „Kocham cię", więc w gruncie rzeczy nie zauważałem nawet, iż nigdy nie słyszę tego od ojca. Myślę, że w głębi serca wiedziałem, że mnie kocha – po prostu nigdy mi tego nie powiedział. Kiedy się nad tym głębiej zastanowić, to i ja przecież nigdy mu tego nie powiedziałem. Nigdy też nie myślałem o tych rzeczach zbyt wiele, póki nie stanąłem twarzą w twarz ze śmiercią.

9 listopada 1990 roku otrzymałem wiadomość, że moją jednostkę National Guard wysyłają na operację Pustynna Tarcza. Mieliśmy się udać do Fort Ben Harrison

w Indianie, a potem prosto do Arabii Saudyjskiej. W wojsku byłem od dziesięciu lat i nawet mi się nie śniło, że kiedykolwiek wyślą nas na front, mimo iż właśnie w tym celu odbywaliśmy ćwiczenia. Poszedłem do ojca i podzieliłem się z nim tą wiadomością. Wyczułem, że jest zaniepokojony moim odjazdem, jednak nie rozmawialiśmy o tym zbyt dużo i osiem dni później opuściłem dom.

Mam kilkoro bliskich krewnych, którym przytrafiło się uczestnictwo w wojnach. Mój ojciec i wuj walczyli podczas drugiej wojny światowej, dwóch braci zaś i siostra służyło w Wietnamie. Mimo iż niezbyt chętnie opuszczałem rodzinę, aby służyć ojczyźnie w strefie ogarniętej wojną, wiedziałem, że taka jest moja powinność. Modliłem się, aby ojciec był ze mnie dumny. Od dawna udzielał się przecież w organizacji weteranów wojennych i zawsze sprzyjał wojskowości. Ja sam nie mogłem należeć do jego organizacji, bo nigdy nie służyłem w strefie ogarniętej wojną – w gruncie rzeczy z tego właśnie powodu zawsze czułem się tak, jakbym nie znaczył wiele w oczach mojego ojca. I oto ja, jego najmłodszy syn, miałem popłynąć na nieznaną ziemię, dziewięć tysięcy mil od rodzinnego domu, aby wziąć udział w wojnie, w kraju, o którym wcześniej niemal nie słyszeliśmy.

17 listopada 1990 roku nasz konwój wojskowych ciężarówek wytoczył się z wiejskich okolic Greenville w stanie Michigan. Na ulicach stało wiele rodzin odjeżdżających żołnierzy i zwykłych gapiów chcących życzyć nam szczęśliwej drogi. Kiedy dojeżdżaliśmy do rogatek, wyjrzałem przez okno ciężarówki i na poboczu dostrzegłem moją żonę Kim, dzieci oraz mamę i tatę. Wszyscy z wyjątkiem ojca machali mi i płakali. On stał nieporuszenie niczym spiżowy pomnik. W tamtej chwili wyglądał, jakby nagle przybyło mu wiele lat. Nie wiem dlaczego, ale takie miałem wrażenie.

Tamtego roku nie było mnie w domu w dniu Święta Dziękczynienia i nie zasiadłem wraz z całą rodziną do świątecznego stołu. Zawsze było przy nim tłoczno i gwarno – do rodziców przychodziły moje dwie siostry z mężami i dziećmi, a także moja rodzina. Niezmiernie żałowałem, że tym razem mnie tam zabrakło. Kilka dni później zadzwoniłem do żony, która opowiedziała mi coś, co pozwoliło mi spojrzeć na ojca w zupełnie inny sposób niż dotychczas.

Moja żona wiedziała, jaki jest mój ojciec, jeśli chodzi o wyrażanie uczuć, i słyszałem, jak głos jej drżał, gdy do mnie mówiła. Powiedziała, że na początku ojciec jak zwykle odmówił modlitwę, jednak tym razem dodał do niej jedno zdanie. Głos zaczął mu się łamać, po policzku popłynęła łza, on zaś powiedział: „Dobry Boże, proszę, byś czuwał nad moim synem, Rickiem, i prowadził go w ten trudny czas, gdy służy on swojej ojczyźnie, oraz pozwolił mu bezpiecznie powrócić do domu". W tym momencie tata wybuchnął płaczem. Nigdy nie widziałem, żeby mój ojciec płakał, więc gdy to usłyszałem, mną samym wstrząsnął szloch. Moja żona spytała, co się dzieje. Pozbierawszy się nieco, powiedziałem:

– Myślę, że mój ojciec naprawdę mnie kocha.

Kiedy osiem miesięcy później wróciłem do domu, podbiegłem do żony i dzieci, by uściskać je wśród okrzyków i łez. Potem podszedłem do ojca, objąłem go i serdecznie uściskałem.

– Jestem z ciebie bardzo dumny, synu, i bardzo cię kocham – wyszeptał mi do ucha.

Popatrzyłem w oczy człowiekowi, który był moim ojcem, ująłem w dłonie jego głowę i powiedziałem:

– I ja cię kocham, tato – po czym obaj się rozpłakaliśmy.

Od tamtego dnia moja relacja z ojcem nigdy już nie była taka sama. Odbyliśmy wiele poważnych rozmów i dowiedziałem się, że mój tata zawsze był ze mnie dumny, ponadto już się nie boi powiedzieć mi, że mnie kocha. Ja również nie mam przed tym żadnych oporów. Szkoda tylko, że aby do tego dojść, potrzebowaliśmy dwudziestu dziewięciu lat i jednej wojny.

Rick Halvorsen

2

Troska

Potęga miłości i troski może zmieniać świat.

James Autry

Lekcja od ojca

Zarabiamy na życie dzięki temu, co otrzymujemy, tworzymy je dzięki temu, co dajemy.

Anonim

W naszej rodzinie tak już jest, że wszyscy jej członkowie zajmują się biznesem. Każde z siedmiorga dzieci pracowało niegdyś w będącym własnością naszego ojca „Naszym Własnym Sklepie Meblowym i z Wyposażeniem Mieszkań" w Mott – małym miasteczku na preriach Dakoty Północnej. Zaczynaliśmy od wykonywania pomocniczych prac w rodzaju odkurzania półek, rozkładania na nich towarów czy pakowania, po czym awansowaliśmy do obsługi klientów. Pracując i obserwując to, co działo się w sklepie, dochodziliśmy do wniosku, że w pracy chodzi o coś więcej niż utrzymanie się na rynku i zarobek.

Jedna z otrzymanych wtedy lekcji na zawsze pozostanie mi w pamięci. Było to tuż przed świętami Bożego Narodzenia. Jako ósmoklasistka wieczorami pracowałam w dziale zabawek. W pewnym momencie wszedł tam mały chłopiec, który mógł mieć jakieś pięć lub sześć lat. Miał na sobie brązowe, sfatygowane palto z brudnymi, postrzępionymi rękawami i potargane włosy ze sztywno sterczącym kogutem na czubku głowy. Ze znoszonych kamaszy wystawały zerwane sznurowadła. Pomyślałam, że chłopiec jest raczej biedny – zbyt ubogi, żeby móc pozwolić sobie na jakikolwiek zakup w naszym sklepie.

Mały rozglądał się po dziale zabawek, od czasu do czasu biorąc do ręki jakąś rzecz, po czym starannie odkładał ją na miejsce.

W pewnej chwili tata zszedł po schodach i podszedł do chłopca. Jego niebieskie oczy i dołki w policzkach śmiały się do małego klienta, kiedy pytał, w czym mógłby mu pomóc. Chłopiec wyjaśnił, że szuka gwiazdkowego upominku dla brata. Fakt, iż tata traktował go z takim samym szacunkiem jak każdego dorosłego klienta, zrobił na mnie niesamowite wrażenie. Uprzejmie poradził mu, żeby spokojnie rozejrzał się po sklepie i coś wybrał.

Po dwudziestu minutach chłopiec ostrożnie wziął do ręki składany samolot, podszedł do taty i spytał:

– Ile to kosztuje, proszę pana?

– A ile masz? – spytał tata.

Chłopczyk wyciągnął dłoń i rozchylił palce poznaczone kreskami brudu od kurczowego zaciskania w nich monet. Leżały tam dwie dziesięciocentówki, pięciocentówka i dwa centy – razem dwadzieścia siedem centów. Wybrany przez niego samolot kosztował natomiast trzy dolary i dziewięćdziesiąt osiem centów.

– To w zupełności wystarczy – stwierdził tata, finalizując transakcję.

Jego odpowiedź ciągle dzwoni mi w uszach. Pakując zabawkę, intensywnie rozmyślałam o tym, co zobaczyłam. Kiedy chłopiec opuszczał sklep, nie dostrzegałam już brudnego, znoszonego płaszczyka, zmierzwionych włosów czy pozrywanych sznurówek. Widziałam tylko promieniejące radością dziecko, które w objęciach ściskało prawdziwy skarb.

LaVonn Steiner

Przynieś serce do pracy

Z ludźmi można współpracować o wiele skuteczniej, odwołując się do ich uczuć, niż przekonując do własnych racji.

Paul P. Parker

Pewna zaprzyjaźniona klientka wynajęła mnie do przeprowadzenia treningu pracowników jednej z wiodących firm zajmujących się sprzedażą telefoniczną, dla której pracowała. W czasie zajęć z pracownikami działu sprzedaży zauważyłam, że uczestnicy kursu są poruszeni. Uczyli się właśnie nowej techniki sprzedaży łączącej zaufanie, uczciwość i współpracę, co miało pomóc w decyzjach dotyczących kupna. Pracowali z dużym zaangażowaniem, podekscytowani nowymi umiejętnościami, było jednak jasne, że coś ich powstrzymuje przed włożeniem w to całych siebie. Już pod koniec pierwszego dnia zdawałam sobie sprawę z tego, że nie będę w stanie kontynuować kursu, dopóki nie pojmę, co właściwie dzieje się z grupą.

– Czy macie jakiś problem z nauczeniem się tej techniki? – zapytałam.

Siedzieli bez słowa, a ja czekałam na odpowiedź. Wreszcie któraś z osób podjęła temat.

– Byłoby fantastycznie, gdybyśmy naprawdę mogli używać tych umiejętności. To znaczy doskonale widzę, gdzie można by je najlepiej zastosować i na dodatek, korzystając z nich, nie czułbym się jak natręt w stosunku do klienta, do którego dzwonię. Nie sądzę jednak, żeby firma pozwoliła nam tak działać. Im nie zależy na ludziach. Traktują nas jak podludzi, stosują natrętne techniki sprzedaży i obchodzi ich tylko minimalne zachowanie pozorów dobrego smaku. Gdyby odkryli, że stosujemy to nowe podejście, natychmiast położyliby temu kres.

Obiecałam kursantom, że przemyślę ten problem, i przyrzekłam, że będę im towarzyszyć w znalezieniu stosownego sposobu włączenia nowych umiejętności w zakres ich obowiązków. Myśl o tym, że spróbują to zrobić, wydawała się ich cieszyć, jednak raczej nie wierzyli, że uda im się to na dłuższą metę.

Realizując obietnicę, udałam się do telefonicznego banku danych, gdzie pracowali agenci sprzedaży, i obserwowałam, jak zastępca dyrektora firmy przyszedł zlecić coś jednemu z nich, bez pardonu przerywając tamtemu rozmowę. Następnie podszedł do kogoś innego, kto także był w trakcie telefonicznej transakcji, i zapytał, dlaczego trzyma na biurku fotografię kogoś bliskiego, mimo że jest to zabronione. Na stole, przy którym usiadłam, leżała kartka z poleceniem tego samego człowieka. Zlecał pracownikom, żeby następnego dnia przyszli w garniturach i siedzieli w marynarkach między godziną jedenastą a dwunastą, bo w biurze mają się zjawić potencjalni klienci.

Odczekałam, aż główny zastępca uda się do swojego gabinetu, i zapukałam do jego drzwi. Ponieważ na swoich kursach nauczam zasad dobrej współpracy, postanowiłam, że potraktuję go tak, by żadne z nas nie czuło się przegrane. Uśmiechnął się do mnie i poprosił, abym powiedziała, z czym przychodzę.

– Mam problem, który, jak mi się wydaje, pan może rozwiązać. Wynajęto mnie, żebym nauczyła pracowników nowej techniki sprzedaży promującej zasady zaufania i współpracy. Okazuje się jednak, że boją się oni zastosować ją w praktyce.

Wicedyrektor był potężnym mężczyzną, byłym komandosem. Siedział rozparty w fotelu i kołysał się w nim, uśmiechając się do mnie i splatając ręce na dobrze odkarmionym brzuchu.

– Jeśli tylko na tym zarobią, to czego niby mają się bać?

Wtedy przyjrzałam mu się uważnie. Wydawał się dość subtelnym człowiekiem, choć jego postępowanie nie wskazywało na to w najmniejszym stopniu.

– Czy mogłabym zadać panu osobiste pytanie, które nie ma żadnego związku ze sprawą? – spytałam.

Na jego twarz wypłynął jeszcze szerszy uśmiech, po czym skinął głową twierdząco, nie przerywając kołysania. Czułam, że mnie akceptuje.

– W jaki sposób udaje się panu funkcjonować w pracy każdego dnia, jeśli serce zostawia pan w domu?

Mężczyzna nie przerwał bujania w fotelu ani nie zmienił wyrazu twarzy. Nagle oczy mu się zwęziły i spytał:

– Co takiego jeszcze pani o mnie wie?

– Nic z tego nie rozumiem – wyrzuciłam z siebie. – Wydaje się, że jest pan dobrym człowiekiem, a mimo to pana zachowanie świadczy o tym, iż nie dba pan wcale o ludzi. Wygląda to tak, jakby dla pana liczyło się tylko wykonanie zadania, czuję jednak, że wie pan, o co mi chodzi.

Wtedy spojrzał na zegarek i zapytał:

– Ma pani czas na kolację? Ja zapraszam.

Kolacja trwała trzy godziny. Opowiadał o swoich doświadczeniach z Wietnamu, gdzie służył jako oficer, będąc zmuszonym do robienia złych rzeczy dobrym ludziom. Płakał i ja płakałam. Do tej pory ze wstydu nigdy nie dzielił się z nikim tymi przeżyciami, życie zaś spędził w przeświadczeniu, że jego dobroć może ludzi zranić, tak więc dawno temu postanowił, że serce nie będzie mu przeszkadzać w pracy. Ból ten nosił w sobie każdego dnia. Fakt, iż podzielił się ze mną czymś tak intymnym, pozwolił mi opowiedzieć o pewnej bolesnej dla mnie sprawie, o której mówiłam niezmiernie rzadko. Siedzieliśmy tak we łzach nad wystygłym już jedzeniem i szklankami ciepłego piwa.

Następnego ranka poprosił, żebym przyszła do jego gabinetu.

– Czy mogłabyś mi trochę potowarzyszyć w tym, co zamierzam teraz uczynić? – spytał. Następnie wezwał kobietę, która mnie wynajęła, i przeprosił ją za to, że nie wspierał jej należycie w obowiązkach i demonstrował wobec niej brak szacunku w obecności innych. Pracownica była zaszokowana i pełna wdzięczności. Potem zwrócił się do mnie i zapytał: – Czy jest jeszcze coś, co twoim zdaniem powinienem zrobić?

Pomyślałam chwilę i stwierdziłam:

– Mógłbyś rozważyć przeproszenie wszystkich pracowników.

Bez wahania podniósł słuchawkę i poprosił sekretarkę o zwołanie całej załogi na krótkie spotkanie. Tam właśnie przeprosił moją klientkę na oczach całego zespołu, po czym przeprosił wszystkich pracowników za brak szacunku, obiecując wprowadzenie wszelkich koniecznych zmian, tak by codziennie chętnie przychodzili do pracy. On również pragnął nauczyć się mojej techniki i zaoferować ją wszystkim pracownikom.

Było to pierwsze z kilku spotkań wicedyrektora z moją klientką i pracownikami. Ludzie, którzy szukali już sobie nowej pracy, postanowili, że zostają. Zaczęli też ufać, iż praca w tym miejscu nie musi wiązać się z nieprzyjemnymi doznaniami, a nawet może być przyjemnością. Cały zespół stosował nowe podejście do sprzedaży oparte na współpracy, a główny zastępca zaczął wdrażać nowo nabyte umiejętności w pracy z innymi zespołami. Ja zaś zyskałam jeszcze jednego przyjaciela.

Sharon Drew Morgen

Kamyk w wodzie

Nieustannie stajemy twarzą w twarz z możliwościami, którym trudno się oprzeć.

Walt Kelly

Wydarzenia prowadzące do napawającej mnie największą dumą chwili mojej dwudziestoośmioletniej nauczycielskiej kariery rozpoczęły się w poniedziałek, 9 grudnia 1990 roku. Nasze wojska brały wtedy udział w operacji Pustynna Burza w Arabii Saudyjskiej. Uczestniczyłam właśnie w popołudniowym zebraniu nauczycieli, które odbywało się w szkolnej stołówce. Nauczycielka informatyki poinformowała nas o projekcie Pustynna Tarcza wymyślonym przez dawnego wspaniałego zawodnika Chicago Bulls, Waltera Paytona.

Wyjaśniła nam, że wynajął on na niedzielę samolot, żeby osobiście polecieć do Zatoki Perskiej i dostarczyć żołnierzom podarunki i inne rzeczy zebrane w Chicago. Nas poproszono, byśmy zachęcili uczniów do napisania gwiazdkowych życzeń i listów, które miały podnieść na duchu naszych żołnierzy i umilić im spędzane z dala od rodzin święta.

Jadąc do szkoły w tamten wtorek, przypomniałam sobie Boże Narodzenie na Filipinach, gdzie przebywałam jako działaczka Korpusu Pokoju w latach sześćdziesiątych. Dostałam wtedy od rodziny ciasteczka domowego wypieku. Co to była za radość! Od razu poczułam się kochana i otoczona troską. Przyszło mi do głowy, że gdyby każdy uczeń ofiarował pięćdziesiąt centów, zebralibyśmy sześćdziesiąt dolarów, za które moglibyśmy zakupić ciasteczek i wysłać je niedzielnym samolotem.

Kiedy poprosiłam uczniów swoich pięciu klas o wpłacenie pięćdziesięciu centów, moja propozycja spotkała się z jednogłośnym poparciem. Po kilku godzinach wieść o naszej akcji zakupu ciasteczek rozniosła się i National Honor Society zaofiarowało dorzucenie pewnej liczby książek, a jedna z nauczycielek obiecała, że jej klasa przygotuje świąteczne pończochy wypełnione słodyczami.

W środę rano udałam się do gabinetu dyrektorki i powiedziałam sekretarce, że moi uczniowie zbierają pieniądze na ciasteczka oraz że inne klasy włączają się do akcji. Zapytałam, czy pracownicy administracyjni również mogliby się dołączyć. Dyrektorka wyraziła zgodę. Bardzo się ucieszyłam i poprosiłam ją o telefon do kuratorium, którego pracownicy od razu przyłączyli się do naszej akcji.

Kiedy podałam klasie łączną sumę, jaką uzbieraliśmy, ustaliliśmy, że będziemy mogli wydać jakieś sto pięćdziesiąt dolarów, więc będziemy w stanie kupić coś więcej niż ciasteczka. Wspólnie ułożyliśmy listę rzeczy, które członkowie rodzin zwykle wysyłali żołnierzom za granicę, po czym troje uczniów z każdej klasy stworzyło komisję mającą dokonać zakupów.

W czwartek poszłam na obiad do nauczycielskiej stołówki i z entuzjazmem opowiadałam o udziale naszej szkoły w akcji Pustynna Tarcza. Ktoś podpowiedział mi, że do wysyłanych za granicę paczek może dostać się robactwo, i poradził, żebym zadzwoniła do zakładów produkujących prażoną kukurydzę i sprawdziła, czy nie podarowałyby nam pustych metalowych kontenerów.

Zakłady ofiarowały nam nie tylko pojemniki, lecz dorzuciły jeszcze kilka skrzyń prażonej kukurydzy. Gdy jak zwykle zdawałam klasom codzienną relację z przebiegu akcji i podzieliłam się z nimi wieścią o firmie produkującej popcorn, uczniowie zaczęli rozmyślać o innych sposobach pozyskania darów poprzez miejsca pracy rodziców.

Pod koniec czwartkowych lekcji mieliśmy już dwieście sześćdziesiąt dolarów. Nasza komisja do zakupu darów, uzbrojona w oficjalny list zaświadczający o udziale szkoły w akcji Pustynna Tarcza, wyruszyła do sklepów.

Kiedy weszłam do klasy w piątkowy ranek, ze zdumieniem ujrzałam, jak dozorcy wyładowują właśnie jakieś pudła. Następnie do pokoju wmaszerowało piętnaścioro członków komisji zakupów, którzy podekscytowani dźwigali swoje sprawunki. Uczniowie opowiadali, że mieli kłopoty z zapłaceniem za towar, ponieważ sprzedawcy chcieli go przekazać w formie daru. Do tego stopnia zasypano nas stosami pudeł i paczek, że nie chciały się pomieścić w szkolnej furgonetce. Pani dyrektor musiała zadzwonić do kuratorium i poprosić o ciężarówkę, którą wyładowaliśmy towarami o łącznej wartości dwóch tysięcy dolarów. Następnie ustawiliśmy się na tle wozu i zrobiliśmy zdjęcie pod transparentem: „Elk Grove troszczy się o Was... Wesołych Świąt!"

Wróciłam do pustej klasy, gdzie jeszcze kilka godzin wcześniej z ożywieniem rozmawiali połączeni jednym celem uczniowie. Myślałam o tym, jak wiele satysfakcji dała nam ta akcja i z jak wielkim wsparciem oraz zachętą się spotkałam. Pamiętam, że siedziałam tam w ciszy i myślałam: W porządku, Panie Boże, już rozumiem. Teraz wiem, dlaczego jestem nauczycielką.

W następny poniedziałek poprosiłam, aby każdy uczeń napisał wypracowanie na temat akcji Pustynna Tarcza. Niektórzy napisali, że po raz pierwszy tak aktywnie włączyli się w życie społeczności, w której wyrośli. Kilkoro nadmieniło, że nawet wkład jednej osoby może wiele zmienić, a ktoś inny stwierdził, że było tak, jakby kamyk wrzucony do wody spowodował rozchodzące się coraz szerzej koła.

Jednak reakcja, która najbardziej mnie poruszyła, pochodziła od ucznia, który napisał coś takiego: „Pani O'Brien, w tym tygodniu miałem zamiar się zabić. Tak się jakoś złożyło, iż zostałem członkiem komitetu, zobaczyłem, że jestem lubiany przez innych i... dziękuję".

Sally K. O'Brien

Po prostu nie mogę w to uwierzyć

Nasze życie zawsze będzie pełnią, jeśli nasze serca będą nieustannie dawać.

Anonim

Po trzydziestu latach pracy w American Airlines, ukończywszy pięćdziesiąt lat, przeszłam na emeryturę. Właśnie od tamtego momentu zaczęłam robić coś, co Bóg przeznaczył mi na drugą połowę życia: inspirować i motywować innych oraz stwarzać wyjątkowe chwile.

W czerwcu 1995 roku zatrzymałam się na jednej z pobliskich stacji benzynowych, gdzie zwykle tankuję i od czasu do czasu kupuję los na loterię. Tamtego wieczora klientów obsługiwała Millie – uprzejma, kochająca dusza z uśmiechem na twarzy, zawsze mająca w zanadrzu życzliwe słowo dla każdego. Żartowałyśmy sobie i śmiałyśmy się tak samo, jak tyle razy w przeszłości. Stwierdziłam z uśmiechem, że jeśli wygram dziesięć milionów dolarów na loterii, podaruję jej tysiąc. Millie odparła, że lepiej bym zrobiła, gdybym zabrała ją do Paryża na lunch, i daję głowę, że nie miała na myśli Paryża w stanie Teksas. Odjeżdżając, pomyślałam, że to interesujące, iż dla mnie gra na loterii była nadzieją na dziesięć milionów, podczas gdy dla Millie oznaczała lunch w Paryżu. Millie nic nie wiedziała o moim powiązaniu z liniami lotniczymi.

Około 21 grudnia pojawiłam się na stacji raz jeszcze. Millie miała zmianę. Wręczyłam jej kartę świąteczną i poprosiłam, żeby ją przeczytała w mojej obecności. Otworzyła kartę i zaczęła czytać:

Droga Millie,
17 czerwca 1995 roku sprzedałaś mi kupon na loterię (który załączam). Cóż, wprawdzie ja nie wygrałam dziesięciu milionów dolarów, ale Ty coś wygrałaś. Wybierz sobie jakiś termin w 1996 roku, spakuj walizkę i przygotuj paszport do wymarzonej podróży na lunch w Paryżu. Oto mój prezent dla Ciebie za to, że sprawiasz, iż każdy, kto jest Twoim klientem, czuje się zupełnie wyjątkowo. Dziękuję. Niech Cię Bóg błogosławi. Wesołych Świąt!

Millie nie posiadała się ze szczęścia. Dosłownie rzucała się na wszystkie strony w swojej maleńkiej budce. I ja myślałam, że zaraz wyskoczę ze skóry. W tamtej chwili gdzieś w głębi duszy pojęłam, co oznacza stwarzanie wyjątkowych chwil ludziom, których życiowe ścieżki przecinają się z naszymi.

W ciągu kilku ostatnich tygodni widziałam Millie kilka razy. Za każdym razem, gdy wjeżdżam na stację, jej twarz rozjaśnia się w uśmiechu, a ona wychyla się z okienka, żeby objąć mnie za szyję i ucałować. Nieustannie mówi, że „po prostu nie może w to uwierzyć", i opowiada, jak to zadzwoniła do mamy, powiedziała o tym szefowi i tak dalej. Jednak najbardziej wzruszyło mnie to, gdy Millie wyznała:

– Mary Ann, w testamencie wyraziłam prośbę, by moje prochy rozsypano nad Paryżem, gdybym przypadkiem umarła, zanim dojdzie do tej podróży.

Mary Ann Dockins

Anioł u twoich drzwi

Spokój ducha uzyskuję jedynie wtedy, gdy przebaczam, zamiast osądzać.

Gerald Jampolsky

Kiedy tamtego ranka Ben przyniósł mleko do domu mojej kuzynki, nie prezentował właściwej sobie pogody ducha. Drobny mężczyzna w średnim wieku nie wydawał się w nastroju do rozmów.

Było to pod koniec listopada 1962 roku, a ja, przyjechawszy niedawno do Lawndale w Kalifornii, rozkoszowałam się świadomością, że mleczarze nadal zostawiają tu butelki z mlekiem na progu. Podczas wielu tygodni, kiedy mój mąż, dzieci i ja mieszkaliśmy u kuzynki, rozglądając się za własnym domem, przyzwyczaiłam się do regularnych wizyt Bena i jego jowialności.

Dziś jednak, gdy wyładowywał mleko z metalowego wózka, wyglądał niczym gradowa chmura. Musiałam mu zadać kilka ostrożnych pytań, zanim wyjawił mi, o co chodzi. Lekko zmieszany wyznał, że dwoje jego klientów opuściło miasto bez uregulowania rachunków, będzie więc musiał sam pokryć straty. Jeden z dłużników był mu winien tylko dziesięć dolarów, jednak druga kobieta miała siedemdziesiąt dziewięć dolarów długu i nie zostawiła żadnego adresu. Ben był naprawdę zrozpaczony swoją głupotą – tym, że pozwolił, by zaległości urosły aż do takiej sumy.

– To była piękna kobieta z szóstką dzieci i siódmym w drodze. Zawsze mówiła: „Jak tylko mój mąż dostanie pracę, od razu panu zapłacę". Wierzyłem jej. Co za głupiec ze mnie! Myślałem, że spełniam dobry uczynek, ale dostałem prawdziwą nauczkę. Zrobiła mnie na szaro! – poskarżył się.

Nie mogłam uczynić nic więcej ponad stwierdzenie, że mi przykro.

Następnym razem, gdy go zobaczyłam, wyglądał na jeszcze bardziej rozgniewanego. Zjadliwie narzekał na brudnych smarkaczy, którzy za darmo wypili jego mleko. Czarująca rodzina zamieniła się w stado łobuzów.

Powtórzyłam wyrazy współczucia i czekałam, aż się uspokoi, jednak po odejściu Bena poczułam, że obchodzi mnie jego problem i pragnęłabym jakoś mu pomóc. Zaniepokojona, że podobny incydent może zmienić tak radosnego człowieka w kogoś pełnego nieufności i rozgoryczenia, łamałam sobie głowę nad tym, co można by zrobić. Wreszcie przypomniałam sobie, że nadchodzi Boże Narodzenie i przez myśl przemknęły mi słowa często powtarzane przez babcię: „Jeśli ktoś chce ci coś odebrać, podaruj mu to, w ten sposób nigdy nie zostaniesz okradziony".

Kiedy Ben przyjechał z mlekiem kolejny raz, powiedziałam mu, że znalazłam sposób na to, by poczuł się lepiej w sprawie straconych siedemdziesięciu dziewięciu dolarów.

– Nic mnie nie pocieszy – stwierdził – ale niech pani mówi.

– P o d a r u j mleko tej kobiecie. Potraktuj je jako gwiazdkowy prezent dla dzieci, które go potrzebowały.

– Czy pani żartuje? – wykrzyknął. – Nawet własnej żonie nie kupuję tak drogich upominków.

– W Biblii czytamy: „Byłem obcy, a przyjęliście mnie". Po prostu przyjąłeś ją razem z dziećmi.

– Chyba raczej to ona mnie wykołowała. Cały problem z panią polega na tym, że to nie były pani pieniądze.

W tym momencie ucięłam rozmowę, jednak nadal wierzyłam w sens mojej propozycji.

Kiedy Ben przychodził, obracaliśmy ją w żart.

– Czy podarowałeś już mleko tej kobiecie? – pytałam.

– Nie – rzucał w odpowiedzi – ale planuję dać mojej żonie prezent za siedemdziesiąt dziewięć dolarów, pod warunkiem że jakaś inna piękna mamusia nie zacznie grać na moim współczuciu.

Zdawało mi się, że im częściej zadaję mu to pytanie, tym bardziej robi się wesoły.

Aż wreszcie sześć dni przed Gwiazdką stało się. Ben pojawił się z szerokim uśmiechem na twarzy i błyszczącymi oczami.

– Zrobiłem to! Podarowałem jej mleko w prezencie świątecznym. Nie było to łatwe, ale co miałem do stracenia? Przecież pieniądze i tak przepadły, prawda?

– Prawda – cieszyłam się razem z nim – ale musisz to naprawdę czuć całym sercem.

– Wiem – odpowiedział. – Tak właśnie czuję. I naprawdę jest mi lepiej na duszy, poza tym bardziej się cieszę na święta. Te dzieciaki miały mnóstwo mleka z płatkami właśnie dzięki mnie.

Święta nadeszły i skończyły się. W słoneczny styczniowy poranek dwa tygodnie później Ben niemal biegł w stronę naszych drzwi.

– Kiedy to pani usłyszy, usiądzie pani z wrażenia – rzucił z uśmiechem.

Powiedział, że ostatnio zastępował innego mleczarza i obsługiwał inny rejon. Nagle usłyszał, jak ktoś woła jego imię, obejrzał się i zobaczył jakąś kobietę, która biegła ulicą, wymachując zwitkiem banknotów. Od razu ją rozpoznał – była to matka siódemki dzieci, ta, która nie uregulowała rachunku. Niosła ze sobą niemowlę w maleńkim kocyku.

– Ben, niech pan poczeka! – krzyknęła. – Mam dla pana pieniądze.

Ben zatrzymał ciężarówkę i wysiadł.

– Tak mi przykro – tłumaczyła się kobieta. – Naprawdę miałam zamiar panu zapłacić.

Wyjaśniła mu, że jej mąż któregoś wieczoru wrócił do domu i oznajmił, że wynajął dla nich tańsze mieszkanie oraz znalazł sobie pracę na nocną zmianę. W całym tym zamieszaniu kobieta zapomniała o zostawieniu mu adresu.

– Ale przez cały czas oszczędzałam – dodała. – Oto dwadzieścia dolarów na poczet rachunku.

– W porządku – odparł Ben. – Rachunek już zapłacony.

– Zapłacony?! – wykrzyknęła. – Co to znaczy? Kto go zapłacił?

– Ja.

Spojrzała na niego, jakby był Archaniołem Gabrielem, i wybuchnęła płaczem.

– No i co zrobiłeś potem? – zapytałam, gdy Ben skończył swoją opowieść.

– Nie wiedziałem, co począć, więc objąłem ją ramieniem. Zanim połapałem się w tym, co się dzieje, i ja zacząłem płakać, nie mając najmniejszego pojęcia dlaczego. Pomyślałem o tych wszystkich dzieciakach pijących moje mleko i wie pani co? Jestem naprawdę zadowolony, że mnie pani do tego namówiła.

– A więc nie wziąłeś od niej tych dwudziestu dolarów?

– Do licha, nie – odpowiedział oburzeniem w głosie. – Przecież podarowałem jej to mleko w prezencie gwiazdkowym, prawda?

Shirley Bachelder

Święty Mikołaj przychodzi do Joan

Przyjaźń pomnaża radości i dzieli smutki.

Thomas Fuller

Każde biuro ma taką Joan lub przynajmniej powinno mieć. To ku niej właśnie zwracają się oczy wszystkich, kiedy obciążenie pracą staje się zbyt duże. To ona przechowuje zawsze w zanadrzu jakąś ciekawą historię i śmieje się na zawołanie. Przed przyjęciem gwiazdkowym to ona rokrocznie przeobraża nasz sterylnie profesjonalny pokój konferencyjny za pomocą śnieżnobiałych obrusów, miniaturowych choineczek z białymi lampkami oraz przyniesionych z domu porcelanowych filiżanek i imbryków.

Poza tym Joan jest osobą, która przechodziła raka piersi, a na początku tego roku wykryto u niej raka płuc. Był to dla niej niezwykle trudny okres: ponownie stanęła twarzą w twarz z perspektywą śmierci oraz zaczęła się borykać z chorobą oczu, która nie tylko przyniosła dalsze komplikacje zdrowotne, lecz także zmusiła ją do opuszczenia wielu dni pracy. Do troski o zdrowie dołączył więc lęk przed problemami finansowymi. Dlatego też tego roku zamiast wymieniać się świątecznymi podarunkami, złożyliśmy się po prostu na Joan i na gwiazdkowym przyjęciu wręczyliśmy jej zebrane pieniądze.

W tym czasie problemy ze wzrokiem stały się dla niej codziennym utrudnieniem. Kiedy zastępowała recepcjonistkę w centrali, nie widziała dostatecznie dobrze cyfr, aby połączyć dzwoniących z właściwymi liniami. Lekarz przepisał jej nowe okulary, jednak nie zrealizowała recepty, gdyż nie było jej na to stać. Tak więc pierwszy czek miał zostać wydany na nową parę okularów.

Mieszkamy w Minnesocie, gdzie zimy bywają mroźne, więc i rachunki za ogrzewanie miewamy pokaźne. Joan nie miała pojęcia, jak zapłaci je w tym roku, więc wiadomo już, na co przeznaczony będzie następny czek.

Ponieważ Joan choruje na raka, lekarze radzili jej, by jadła więcej warzyw i owoców. Zdecydowaliśmy, że powinna dostarczyć swojemu organizmowi tego, co najlepsze, i na to przekazana została kolejna suma.

Wreszcie ostatni czek podarowaliśmy jej po to, żeby kupiła sobie w domu towarowym coś, na co ma ochotę.

Joan przyjęła nasze podarunki z wdzięcznym sercem i podziękowała za to, że dodaliśmy jej odwagi w tym jakże trudnym dla niej czasie. Potem zwierzyła się nam, że kiedy miała sześć czy siedem lat, dzieciaki w szkole powiedziały jej, że Święty Mikołaj nie istnieje. W tamte święta specjalnie zażyczyła sobie rzeczy, na które jej rodzice nie mogli sobie pozwolić, żeby dobrego, starego Mikołaja przetestować. Jej matka, pragnąc, by Joan jeszcze chociaż przez rok zachowała swoją dziecinną wiarę, zdołała jakoś zakupić wszystko, co znalazło się na liście.

Później powiedziała nam, że tego roku poczuła się znów tak samo, jak w tamte święta. Kolejny raz mogła uwierzyć w to, że marzenia naprawdę się spełniają. Dla nas było to najwspanialsze gwiazdkowe przyjęcie ze wszystkich.

Angela Barnett

Anioły z Arc

Lepiej jest dawać i otrzymywać.

Bernard Gunther

Kilka lat temu Iris Arc Crystal, przedsiębiorstwo, które założyłem wraz z Francescą Patruno, doświadczało zastoju w interesach. Niedawno zatrudniliśmy kilkoro nowych pracowników i mieliśmy nadzieję, że zmniejszenie obrotów stanowi tylko chwilowy problem. Jednak okazało się, że pracy wystarcza nam tylko na cztery dni w tygodniu. Zamiast więc zwolnić dwadzieścia procent siły roboczej czy odesłać ludzi do domu na jeden dzień w tygodniu, zdecydowaliśmy, że będziemy płacić wszystkim za cały tydzień, pracując od poniedziałku do czwartku, w piątek zaś będziemy realizować usługi w naszym mieście Santa Barbara.

Pamiętam, jak dzwoniliśmy do kilku agencji usługowych, chcąc uzyskać informacje na temat tego, na co jest największe zapotrzebowanie na naszym terenie. Podzieliliśmy się na trzy zespoły i udaliśmy się do miejsc, gdzie nas potrzebowano. W pierwszym tygodniu moja grupa pojechała do bardzo starego dżentelmena pochodzenia ukraińskiego, żeby wysprzątać mu dom i ogród. Kiedy zastukaliśmy do drzwi, otworzyła je starsza kobieta. Sądziliśmy, że mamy do czynienia z żoną naszego klienta, ale okazało się, że to jego córka. Miała siedemdziesiąt pięć lat, a jej ojciec dziewięćdziesiąt siedem! Powiedziała nam, co mamy robić, i zaczęliśmy sprzątać dom od piwnicy po strych, a potem przenieśliśmy się na podwórko. To zadziwiające, ile pracy może wykonać grupa ludzi, jeśli wszyscy trudzą się pospołu, pragnąc pomóc komuś, kto naprawdę owej pomocy potrzebuje. Kiedy zakończyliśmy pracę u schyłku dnia, dom starego człowieka przeobraził się z brudnego magazynu staroci w lśniący czystością pałac.

Mimo to czymś, co najbardziej wryło mi się w pamięć owego dnia, wcale nie było wielkie sprzątanie, ale coś zupełnie innego. Kiedy przekraczaliśmy próg tamtego domu, zauważyłem cudowne rysunki wykonane piórkiem i tuszem, które zdobiły ściany wszystkich pomieszczeń. Zapytałem córkę starca, kto jest ich autorem. Odpowiedziała, że namalował je ojciec, który zaczął zajmować się rysunkiem w wieku osiemdziesięciu lat! Stałem jak porażony – rysunki były dziełami sztuki, które z powodzeniem mogły się znaleźć w muzeum. W tamtym czasie byłem odrobinę po trzydziestce i bardzo chciałem robić coś, co pozwoliłoby mi wykorzystać moje twórcze i artystyczne zdolności w stopniu nieco większym, niż umożliwiało to stanowisko prezesa firmy usługowej. Czułem jednak, że poczynienie jakiejś poważniejszej zmiany może się okazać zbyt trudne dla człowieka w tak „zaawansowanym" wieku. Rany, tamtego popołudnia moja ograniczona wiara w siebie znacznie się poszerzyła!

Wykonywaliśmy jeszcze najróżniejsze usługi na terenie miasta przez następne kilka tygodni, na przykład pomalowaliśmy komuś cały dom i zainstalowaliśmy spore trybuny dla publiczności w szkółce jeździeckiej dla dzieci niepełnosprawnych. Bawiliśmy się przy tym świetnie i zrobiliśmy dużo dobrego. Jakimś dziwnym trafem obdarzono nas wtedy przydomkiem Anioły z Arc. Oprócz wspaniałego samopoczucia płynącego z możliwości pomagania innym mieliśmy wiele radości z tego, że jesteśmy pracownikami firmy, która troszczy się zarówno o własny personel, jak i dobro społeczności lokalnej. Nasze działania stworzyły atmosferę pracy, której dzielenie było prawdziwą radością.

Jonathan Wygant

Proszę o jak najwcześniejsze zwolnienie za dobre sprawowanie,
żebym mógł wydać swoją nową książkę.

Przede wszystkim ludzie

Forrest King nie mógł uwierzyć własnym oczom. Dziesiątki pracowników Federal Express wiwatowały, kiedy on i jego żona opuszczali pokład czarterowego boeinga 747. King przyleciał do Memphis z innymi pracownikami Flying Tiger, którą to firmę przejął ostatnio Federal Express, i miał zamiar sprawdzić, czy warto się tu przenosić. Powitanie uświetnione czerwonym dywanem i komitetem powitalnym, w którego skład wchodzili burmistrz Memphis i dyrektor FedEx, było wprowadzeniem Kinga do tej niezwykłej firmy.

Oto słowa samego Kinga: „Wydaje mi się, że kiedy jakieś większe przedsiębiorstwo przejmuje twoją firmę, niekoniecznie musi dbać o to, by przede wszystkim zapewnić tam pracę właśnie tobie. A jednak – co zakomunikowano w stosownym raporcie oraz na taśmie wideo – pracę zaoferowano każdemu".

Styl zarządzania „najpierw ludzie", preferowany przez dyrektora Freda Smitha, najlepiej określa jedno z haseł popularnych w Federal Express: „Ludzie, Usługi, Zyski", czyli L-U-Z. „Dbajcie o naszych ludzi, a oni odwdzięczą się wam nienaganną pracą, ich usługi zaś zdobędą sobie aprobatę klientów, którzy nagrodzą nas zyskami koniecznymi dla zabezpieczenia przyszłości".

I FedEx naprawdę troszczy się o swoich pracowników. Kiedy w 1986 zamknięto w firmie program Zapmail, tysiąc trzystu pracowników z tego działu otrzymało pierwszeństwo w ubieganiu się o inne stanowiska. Ci pracownicy, którzy nie mogli znaleźć sobie pracy za pensję równą poprzedniej, mogli zostać zatrudnieni na mniej odpowiedzialnych stanowiskach i zatrzymać poprzednie wynagrodzenie przez piętnaście miesięcy lub też do czasu znalezienia innej, lepiej płatnej pracy.

Kiedy zaś FedEx zaprzestał realizowania większości usług na terenie Europy i zredukował personel europejski z dziewięciu tysięcy dwustu do dwóch tysięcy sześciuset osób, otrzymał pochwałę od gazety „The London Times" za sposób, w jaki przeprowadzono redukcję. Zamieszczał na przykład w prasie całostronicowe ogłoszenia zachęcające pracodawców do zatrudniania byłych pracowników Federal Express. W samej tylko Belgii osiemdziesiąt firm odpowiedziało na nie, oferując łącznie sześćset miejsc pracy.

Gdy nadchodzą trudne czasy, ludzie z FedEx po prostu trzymają się razem.

Robert Levering, Milton Moskowitz
i Michael Katz

„Dziękuję, że we mnie wierzyłaś"

Prawdziwe odkrywanie nie polega na odnajdywaniu nowych lądów, lecz na patrzeniu nowymi oczami.

Marcel Proust

Jako młoda pracownica socjalna w klinice psychiatrycznej w Nowym Jorku zostałam poproszona o zapoznanie się z dwudziestoletnią kobietą o imieniu Roz, którą przeniesiono do nas z innego szpitala psychiatrycznego. Cała sprawa była o tyle nietypowa, że przed pierwszą konsultacją nie zdążyły do nas napłynąć żadne informacje na jej temat. Polecono mi więc działać „na wyczucie" i zorientować się, jakie mogą być jej problemy i jakiego typu terapii wymaga.

Nie mogąc się oprzeć na żadnej wcześniejszej diagnozie, postrzegałam Roz jako nieszczęśliwą i nie rozumianą młodą kobietę, której nikt poważnie nie wysłuchał podczas poprzedniej terapii. Jej sytuacja rodzinna nie przedstawiała się najweselej. Nie dostrzegłam u niej żadnych poważnych zaburzeń umysłowych, lecz tylko osamotnienie i cierpienie z powodu braku zrozumienia. Na moją gotowość wysłuchania jej zareagowała niezwykle pozytywnie. Pracowałam z nią nad rozpoczęciem sensownego życia – nad znalezieniem pracy, odpowiedniego mieszkania i zbudowaniem nowych relacji z ludźmi. Nieźle ruszyłyśmy do przodu i Roz z mety zaczęła wprowadzać istotne zmiany w swoim życiu.

Karta choroby Roz przybyła z poprzedniej placówki psychiatrycznej w miesiąc po tym, jak rozpoczęłyśmy naszą udaną terapię. Ku memu kompletnemu zdumieniu w grubych na kilka cali aktach opisano liczne pobyty w szpitalach psychiatrycznych. Postawiona diagnoza wskazywała na „beznadziejny przypadek schizofrenii paranoidalnej".

Moje doświadczenie z Roz nie dowodziło niczego podobnego. Zdecydowałam, że zapomnę o jej aktach, i nigdy nie traktowałam jej tak, jakby była owym „beznadziejnym" przypadkiem. (Dodatkowo była to dla mnie cenna lekcja dotycząca wartości i wiarygodności diagnoz psychiatrycznych). Dowiedziałam się, jaki koszmar dziewczyna przechodziła w szpitalach, gdzie faszerowano ją lekami, przetrzymywano w izolatkach i łamano jej prawa. Dużo się też dowiedziałam na temat tego, w jaki sposób udało jej się przetrwać w tak traumatycznych okolicznościach.

Najpierw Roz znalazła sobie pracę, a potem mieszkanie z dala od swojej trudnej rodziny. Po kilku miesiącach terapii przedstawiła mi swego przyszłego męża, dobrze prosperującego biznesmena, który ją uwielbiał.

Na zakończenie terapii Roz podarowała mi srebrną zakładkę do książki i karteczkę z napisem: „Dziękuję, że we mnie wierzyłaś".

Zdanie to nosiłam odtąd przy sobie i będę je nosić do końca życia, aby przypominało mi o mojej służbie ludziom, której znaczenie uświadomiłam sobie dzięki jednej, dzielnej kobiecie, która odniosła zwycięstwo nad „beznadziejną" diagnozą.

Judy Tatelbaum

Odruch życzliwości

Miłość uzdrawia ludzi – zarówno tych, którzy ją dają, jak i tych, którzy ją otrzymują.

Karl Menninger

Odbywałem właśnie rozmowę kwalifikacyjną z dyrektorem naczelnym jednej z większych firm ubezpieczeniowych. Wyznałem mu uczciwie, iż głównym powodem starania się o pracę w jego firmie stała się dla mnie konieczność pozostania z rodziną w Bostonie. Moja żona po dwudziestu sześciu latach małżeństwa niespodziewanie zmarła na atak serca. Praca w Bostonie pomogłaby mi zmniejszyć nieco ogromny ból i poczucie straty, które przeżywała moja szesnastoletnia córka. To, żeby mogła uczyć się dalej w starym liceum, stało się dla mnie sprawą niezwykle ważną.

Wtedy wciąż jeszcze mówienie o utracie żony przychodziło mi z niezwykłym trudem. Bruce, który przeprowadzał ze mną wywiad, wykazywał się uprzejmą empatią, jednak nie drążył tematu. Z szacunkiem przekazał mi wyrazy współczucia i przeszedł do następnej kwestii.

Po omówieniu wszystkich istotnych spraw Bruce zaprosił mnie na lunch z innym dyrektorem, po czym zaproponował mi krótki spacer. Powiedział, że i on stracił żonę. Tak jak ja był żonaty ponad dwadzieścia lat i miał trójkę dzieci. Dzięki temu, że się tym ze mną podzielił, zdałem sobie sprawę z tego, że przeżywał kiedyś ten sam ból, co ja – ból, o którym niemal nie sposób opowiedzieć komuś, kto nie stracił najbliższej osoby. Bruce wręczył mi wizytówkę z domowym numerem telefonu i stwierdził, że gdybym potrzebował pomocy lub po prostu chciał porozmawiać, zawsze mogę do niego zadzwonić. Bez względu na to, czy miałem dostać tę pracę, czy nie, chciał, żebym wiedział, że mogę na niego liczyć.

Tym jednym aktem życzliwości, ofiarowanym bez pewności, czy się jeszcze kiedyś zobaczymy, pomógł naszej rodzinie uporać się z jedną z największych strat, jakie może przynieść życie. Przemienił normalnie zimną rozmowę kwalifikacyjną w akt pełen troski i wsparcia dla drugiej osoby znajdującej się w ogromnej potrzebie.

Mike Teeley

Potęga człowieczeństwa

Życie to okazja, by krzewić miłość na swój własny sposób.

Bernie Siegel

Z dyplomem ukończenia studiów na uniwersytecie w Princeton oraz z plikiem pochwał za swoje publiczne wystąpienia w walizce przyjechałem do kościoła w małym miasteczku w stanie Oklahoma, gdzie natychmiast rozpocząłem głoszenie kazań równie błyskotliwych jak mój życiorys.

Reakcja zgromadzenia była wdzięczna i dość zachęcająca, jednak nie we wszystkich oczach zapłonął ogień tak żywy, jak oczekiwałem. Szczególnie chodziło tu o diakonów. Większość z nich była młoda, w moim wieku albo nieco starsi. Pomyślałem sobie, że brakuje im dojrzałości, by docenić powagę intelektualnego wyzwania, jakie przed nimi roztoczyłem.

Wyjątek stanowił Vilas Copple. Vilas był starszy – zdaje mi się, że miał około pięćdziesięciu lat. Wyglądał jak robotnik z pól roponośnych, którym w istocie był. Nie wiem dokładnie, czym jeszcze się zajmował, lecz podejrzewam, że było to coś, co wymagało wiedzy wywodzącej się z doświadczenia i wytrwałości płynącej z ciężkiej pracy fizycznej. Wiem za to, że bardzo się troszczył o swój kościół. Śpiewał w chórze, uczęszczał do szkółki niedzielnej i wspierał moje wysiłki rozpalenia żywszego ognia w sercach diakonów.

Właśnie o tej sprawie rozmawiałem z Vilasem niemal przez godzinę po spotkaniu diakonów w któryś poniedziałkowy wieczór. Potem poszliśmy do domu. Jak tylko przekroczyłem próg mieszkania, odezwał się telefon. Dzwonił Vilas. Okazało się, że kiedy wszedł do domu, zastał swoją żonę martwą na podłodze w kuchni. Tego wieczora zjedli razem kolację i wydawało się, że nic jej nie dolega, a tu coś takiego. Czy mógłbym przyjść? Oczywiście. Na tym polegał mój zawód.

Do Vilasa wybrałem się na piechotę nie tylko dlatego, że jego dom stał blisko mojego, ale i z tego powodu, że nie chciałem tam dojść zbyt szybko. Z każdym krokiem w mojej głowie narastała szaleńcza liczba pytań. Co ja mu powiem? Co mogę dla niego zrobić? W jaki sposób mam mu pomóc? Tu nie chodziło o przygotowanie kazania. W takim wypadku miałem czas na ułożenie go i książki, do których mogłem się odwołać, dzięki czemu spokojnie realizowałem pragnienie pozostania mistrzem motywacji. W przypadku kazań nie towarzyszył mi rozpaczliwy pośpiech. Teraz jednak było zupełnie inaczej, to działo się naprawdę. Żona tego człowieka, jego ukochana i kochająca towarzyszka życia, matka jego dzieci nie żyła. Takie były fakty. Mimo że na tym właśnie polegała moja praca, nie miałem nic do powiedzenia.

Tak więc to właśnie robiłem przez większą część owej nocy. Nie mówiłem prawie nic. Po wizycie posterunkowego oraz przykryciu i zabraniu ciała Vilas i ja przez wiele godzin siedzieliśmy w jego salonie w całkowitym milczeniu. Ciszę przerwało jedynie kilka niemal niesłyszalnych modlitw, wypowiedzianych urywanym szeptem. On nie miał wielkiego doświadczenia w ujmowaniu życia słowami, a ja, znalazłszy się po raz pierwszy twarzą w twarz z człowiekiem w dramatycznej potrzebie, nie potrafiłem wykrztusić dosłownie nic.

Kiedy wróciłem do domu, świtało. Jednym z najwyraźniejszych wspomnień tamtej nocy był obrazek, kiedy stoję przed lustrem, myjąc zęby, spoglądam na swoje odbicie i mówię: Co ty, u diabła, robisz w tym zawodzie? Do łóżka kładłem się, rozmyślając, jaką jeszcze pracę mógłbym wykonywać bez konieczności zdobywania gruntownego wykształcenia. Nic nie przychodziło mi do głowy.

Jakieś dwa lata później otrzymałem przeniesienie do innego kościoła. Z jednej strony czułem się podekscytowany, z drugiej jednak był to również czas smutku, rozstania ze starym zgromadzeniem, które okazało się tak wyrozumiałe i pomocne dla młodego pastora. Wiele się od tych ludzi nauczyłem, oni zaś z wdzięcznością zapewnili mnie o tym, że również mnóstwo skorzystali z mojej posługi. Kiedy oceniam to z perspektywy czasu, widzę jednak, że to ja otrzymałem znacznie więcej.

Nadszedł czas ostatniej wspólnej niedzieli i ostatniego kazania. Nawet chórzyści, którzy zwykle szli prosto do garderoby, żeby po nabożeństwie zostawić tam stroje, ustawili się w kolejce, by podać mi rękę i uściskać na pożegnanie odchodzącego pastora. Podniosłem wzrok i zobaczyłem, że przede mną stoi Vilas, a po jego czerwonej, pooranej zmarszczkami twarzy toczą się łzy. Vilas ujął moją dłoń w obie swoje, spojrzał mi prosto w oczy i powiedział:

– Bob, bez ciebie nie przetrwałbym tamtej nocy.

Nie trzeba było wyjaśniać, co kryje się pod słowami „tamta noc", jednak zupełnie nagle stało się dla mnie jasne, dlaczego nie przetrzymałby jej bez mojej obecności. Była to noc, podczas której czułem się bezwartościowy i niezdolny do uczynienia czegokolwiek, co mogło się okazać ważne lub pomocne; czas, kiedy boleśnie uświadomiłem sobie, iż brakuje mi słów oraz sił, by funkcjonować właściwie w obliczu katastrofy, by rozświetlić prawdziwy dramat choćby iskierką nadziei. Mimo to dla Vilasa była to noc, której nie przetrwałby beze mnie. Dlaczego towarzyszyły nam kompletnie różne wspomnienia tych samych chwil?

Cała prawda polega na tym, że nie zawsze okazujemy się cudownie mądrzy w obliczu tragedii, jakie niesie życie. W oklepanym stwierdzeniu: „Jestem tylko człowiekiem" kryje się tylko jeden błąd – zwykle brzmi ono jak usprawiedliwienie, podczas gdy powinno się je wypowiadać jako chwalebną afirmację naszej wdzięczności i wartości.

Robert R. Ball

Życzliwe słowo

Jesteśmy tu po to, by wzajemnie sobie pomagać w podróży zwanej życiem.

William J. Bennett

W styczniu 1986 roku przeglądałem pobieżnie kanały telewizyjne i trafiłem na napisy końcowe filmu pod tytułem *Śmieszny interes,* emitowanego przez PBS, opowiadającego o tworzeniu komiksów. Zawsze pragnąłem zostać rysownikiem komiksów, tyle że nie miałem pojęcia, jak się do tego zabrać. Napisałem więc do komentatora filmu, twórcy komiksów, Jacka Cassady'ego, i poprosiłem o wskazówki dotyczące możliwości wejścia w tę profesję.

Kilka tygodni później otrzymałem zachęcający, pisany ręcznie list od Jacka, który odpowiadał na wszystkie moje szczegółowe pytania o konieczne materiały i cały proces tworzenia. Następnie ostrzegł mnie, że najprawdopodobniej na początku moje prace zostaną odrzucone, i doradzał, bym nie zniechęcał się, kiedy to nastąpi. Dodał, że przesłane przeze mnie próbki komiksów są dobre i nadają się do druku.

Wreszcie pojąłem, jak należy się zabrać do całej sprawy, i czułem się niezwykle podekscytowany. Najlepsze komiksy wysłałem do „Playboya" i „The New Yorker". Oba pisma odrzuciły je szybko, przysyłając chłodne kserokopie gotowych odpowiedzi na tego typu zgłoszenia. Ogarnięty zniechęceniem schowałem do szafy przybory i materiały do rysowania, postanawiając, że nie będę sobie więcej zawracał głowy komiksami.

Aż tu nagle, w czerwcu 1987 roku, ni z tego, ni z owego otrzymałem kolejny list od Jacka Cassady'ego. Bardzo się zdziwiłem, gdyż nie podziękowałem mu nawet za poprzednie wskazówki. Oto, co znajdowało się w liście:

Drogi Scotcie:

Przeglądałem właśnie teczkę z korespondencją dotyczącą Śmiesznego interesu *i przypadkowo natknąłem się raz jeszcze na twój list z kopiami komiksów. Przypominam sobie, jak na niego odpowiadałem.*

Powodem, dla którego piszę do Ciebie te kilka słów, jest pragnienie ponownego zachęcenia Cię, abyś wciąż wysyłał swoje pomysły do najróżniejszych pism. Mam nadzieję, że już to dawno uczyniłeś, a twoje rysunki wzbogacają twoją kieszeń o kilka dolarów, dodatkowo dając Ci możliwość dobrej zabawy.

Niekiedy aprobata w naszym śmiesznym interesie humoru rysunkowego przychodzi z ogromnym trudem. Dlatego namawiałbym Cię do usilnych prób zainteresowania sobą jakiegoś pisma i niezaprzestawania rysowania.

Życzę wiele szczęścia, wejścia na rynek i dobrych pomysłów do rysunków.

Szczerze oddany,
Jack

List ten poruszył mnie do głębi, jak sądzę przede wszystkim dlatego, że Jack nie mógł nim sobie nic zyskać, a jak wskazywała przeszłość, dotąd nie otrzymał nawet mojego „dziękuję". Poszedłem za jego radą, wyjąłem z szafy przybory do rysowania i stworzyłem próbki komiksu, które wkrótce przeobraziły się w serię „Dilbert".

Obecnie, czyli o siedemset gazet i sześć książek później, sprawy w Dilbertville mają się całkiem nieźle.

Jestem przekonany, że nie spróbowałbym rysowania komiksów raz jeszcze, gdyby Jack nie wysłał do mnie drugiego listu. Życzliwym słowem i jednym pocztowym znaczkiem rozpoczął cały ciąg wydarzeń. W miarę jak „Dilbert" zaczął odnosić coraz większe sukcesy, zacząłem naprawdę doceniać znaczenie prostego odruchu życzliwości okazanego mi przez Jacka. Wreszcie pewnego dnia mu podziękowałem, nie mogłem się jednak oprzeć uczuciu, iż otrzymałem dar, za który nie sposób się zrewanżować. Czułem, że zwykłe „dziękuję" to o wiele za mało.

Z czasem pojąłem, że pewnym darom pisane jest dotrzeć do obdarowanego i pozostać nie spłaconymi. Każdy z nas na pewno zna kogoś, komu niezmiernie przydałoby się jakieś życzliwe słowo. Zachęcam was więc, byście je wypowiedzieli. Jego moc zrobi na obdarowanym jeszcze większe wrażenie, jeśli przekażecie je na piśmie. I zróbcie to właśnie dla kogoś, kto wie, że nie możecie tym sobie nic pozyskać.

To ważne, byśmy przekazywali słowa aprobaty i zachęty rodzinie i przyjaciołom, jednak ich i wasze szczęście to rzeczy, których nie sposób od siebie oddzielić. Sugerowałbym więc, abyście dla maksymalnego efektu obdarzyli nimi kogoś, kto nie może się wam niczym odpłacić – zapewniam, że obdarowany dostrzeże ową różnicę.

I pamiętajcie – nie ma czegoś takiego jak drobny odruch życzliwości, bowiem każdy podobny akt wytwarza falę, która nie ma końca.

Scott Adams (twórca „Dilberta")
nadesłał Andrew Shalit

Najmłodszy glina w Arizonie

Współczucie to nadrzędne prawo ludzkiej egzystencji.

Fiodor Dostojewski

Tommy Austin posiadał reputację profesjonalisty. W jego świecie kłamstwo było chlebem powszednim. Każdy miał jakaś wymówkę lub wykręt. Tommy był agentem celnym w Arizonie. Taka osoba musi być bystra i twarda – Tommy posiadał obie te cechy.

Chris był chudym jak szczapa siedmiolatkiem hospitalizowanym z powodu białaczki. Jego świat był prostszy. Do ulubionych bohaterów chłopca należeli Pancho i John. Byli to telewizyjni gliniarze, którzy pędzili na motorach po autostradzie i sprawiali, że dobro zwycięża. Chris chciał być jednym z nich.

Mama Chrisa, Linda, samotnie wychowująca syna, przeniosła się do Phoenix w nadziei na rozpoczęcie nowego, lepszego życia. I choć wszystko nieźle się rozpoczęło, niektóre rzeczy nie układały się najlepiej.

Któregoś wieczoru Tommy odwiedzał przyjaciela w szpitalu, w którym przebywał Chris. Chłopak zaskoczył go znienacka okrzykiem: „Ręce do góry! Jestem gliną, a ty jesteś aresztowany!" Jak to zwykle robią mężczyźni z chłopcami, Tommy włączył się do zabawy. Jak to zwykle robią chłopcy z dorosłymi mężczyznami, Chris odpłacił mu wyobraźnią, niewinnością i zaufaniem. Tommy chciał mu coś w zamian podarować.

Tommy doskonale wiedział, że ten chudzielec nigdy nie będzie gliną ze swoich marzeń, wynalazł jednak sposób na to, by dzieciak choć przez chwilę mógł się nim poczuć. Poprosił o pomoc dwóch policjantów patrolujących autostradę, Scotta i Franka, dwie przyjaciółki, swojego szefa i naczelnika Wydziału Bezpieczeństwa Publicznego Arizony.

Pierwszego dnia Chris przejechał się policyjnym wozem na patrol i włączał syrenę. Leciał też policyjnym helikopterem. Pokonał miniaturowy rewir policyjnym samochodem na baterie i w ten sposób dosłużył się „skrzydeł". Został oficjalnie uznany „pierwszym i jedynym siedmioletnim policjantem w Arizonie". Dwie kobiety zostały w pracy na całą noc, żeby uszyć dla niego prawdziwy mundur. Chris żył swoim marzeniem przez trzy cudownie ekscytujące dni pełne chwały i miłości.

Czwartego dnia poprosił matkę o przyniesienie do szpitala swojego munduru. Scott i Frank przypięli do niego motocyklowe „skrzydła" i tego właśnie dnia Chris umarł. Byli i tacy, co pomyśleli, że oto białaczka tragicznie odebrała życie kolejnemu dziecku – jednak tego dnia zmarł prawdziwy „glina".

Kiedy Linda zabierała ciało tam, gdzie miał się odbyć pogrzeb, towarzyszył im patrol drogowy stanu Arizona. „Zawsze uczestniczymy w pogrzebach naszych braci", stwierdzili i Chris miał policyjny pogrzeb.

Pewien cytat z Lowella głosi: „Nie chodzi o to, co dajemy, lecz o to, co z kimś dzielimy". Tommy, policjanci Scott i Frank, mama Chrisa, Linda i ponad jedenaście tysięcy ochotników z osiemdziesięciu dwóch wydziałów miało swój udział w darze dla Chrisa. Fundacja „Wypowiedz życzenie", założona w kuchni matki opłakującej śmierć syna, od 1980 roku spełniła ponad trzydzieści siedem tysięcy życzeń dzieci chorych na nieuleczalne choroby. Jeśli chodzi o inne kraje, to tam trzy tysiące dzieci doświadczyły spuścizny po „pierwszym i jedynym siedmioletnim policjancie z Arizony".

Michael Cody

3

Potęga uznania

Jeśli jedynym słowem, jakim modlisz się przez całe życie, jest „dziękuję" – to wystarczy.

Mistrz Eckhart

Opowieść o wielorybie

Chwal i podkreślaj to, co pragnąłbyś oglądać częściej.

Tom Peters

Czy zastanawialiście się kiedykolwiek, w jaki sposób treserzy wielorybów i morświnów w Sea World skłaniają Shamu, wieloryba ważącego dziewięć ton, do wyskakiwania z wody na wysokość sześciu metrów i demonstrowania sztuczek? Udaje im się nakłonić go do przeskakiwania nad liną dalej od wody, niż można to sobie wyobrazić. To wielkie wyzwanie – równie poważne jak to, przed którym ja i każdy z was stajemy jako rodzice, treserzy czy menedżerowie.

Czy potraficie sobie wyobrazić podejście typowego amerykańskiego menedżera do tak postawionego zadania? Zapewne pierwszą rzeczą, jaką byśmy uczynili, byłoby umieszczenie liny dokładnie na wysokości sześciu metrów – nie ma przecież sensu zajmować się niższymi wysokościami. Nazywamy to wyznaczaniem celu lub planowaniem strategicznym. Kiedy cel jest już jasno sprecyzowany, musimy wymyślić, w jaki sposób zmotywować wieloryba do jego osiągnięcia. Bierzemy więc wiadro ryb i umieszczamy je nad liną – żadnej nagrody dla wieloryba, dopóki się nie wykaże. Następnie należy wydać polecenie. Wychylamy się więc z naszej wysokiej, przyjemnej i suchej wieży obserwacyjnej i mówimy: „Wielorybie, skacz!”

Wieloryb nie rusza się z miejsca.

Jak więc dokonują tego treserzy z Sea World? Ich podstawową strategią jest wzmacnianie zachowania, które ma być powtarzane – w tym przypadku chodzi o to, by wieloryb czy morświn przeskoczył ponad liną. Całe otoczenie przygotowują w taki sposób, żeby zapewnić jeden konieczny element: wieloryb nie może ponieść porażki. Początkowo lina znajduje się pod powierzchnią wody, w takim miejscu, że wielorybowi nie może się nie powieść, więc robi dokładnie to, czego się od niego oczekuje. Po każdym udanym skoku wieloryb otrzymuje pozytywne wzmocnienie. Karmi się go rybami, poklepuje, lecz przede wszystkim otrzymuje pochwałę.

Cóż się jednak dzieje, kiedy wielorybowi zdarzy się przejść pod liną? Nic – nie ma wstrząsów elektrycznych, konstruktywnej krytyki, rozwijających wskazówek ani ostrzeżenia w aktach. Wieloryby uczy się po prostu tego, że ich niepożądane zachowanie nie będzie nagradzane.

Wzmocnienie pozytywne stanowi istotę owej prostej zasady, która daje tak spektakularne rezultaty. A kiedy wieloryb zaczyna coraz częściej skakać nad liną, a nie pod nią, treserzy zaczynają zawieszać ją coraz wyżej. Należy to czynić na tyle wolno, by zwierzę nie musiało głodować czy to fizycznie, czy emocjonalnie.

Prosta lekcja pochodząca od treserów wielorybów polega na tym, by chwalić i nagradzać ponad miarę. Robić wielką sprawę z dobrze wykonanych drobiazgów, które chcielibyśmy powtórzyć. Po drugie: krytykować nawet mniej niż trochę. Ludzie wiedzą, kiedy coś schrzanili. Tym, czego im wtedy najbardziej potrzeba, jest pomoc. Jeśli krytykujemy, karzemy i wymuszamy dyscyplinę w stopniu mniejszym, niż po nas oczekiwano, ludzie na pewno tego nie zapomną i nie powtórzą raz popełnionych błędów.

Moim zdaniem, najlepiej funkcjonujące firmy czasów obecnych robią wszystko dobrze w dziewięćdziesięciu pięciu procentach. Na czym się jednak skupiamy przez większość czasu, dyskutując o ich funkcjonowaniu? No właśnie – na dwóch, trzech, czterech czy nawet pięciu procentach rzeczy, których powtarzania sobie nie życzymy i chcielibyśmy ich w przyszłości uniknąć.

Przede wszystkim powinniśmy stworzyć okoliczności, w których ludziom nie może się nie powieść. Chwalić ponad miarę, krytykować mniej niż odrobinę... i wiedzieć, jak wysoko umieścić linę.

Charles A. Coonradt

Bogactwo ponad miarę

Największym dobrem, jakim możemy obdarzyć innych, nie jest dzielenie się z nimi swoimi bogactwami, lecz odkrywanie przed nimi ich własnych.

Benjamin Disraeli

W chwili obecnej czuję się bogata ponad miarę. Coś, co rozpoczęło się jako pomysł na nowy sposób celebrowania okresu świątecznego w moim dziale, przerodziło się w ogromnie poruszające i wzbogacające doświadczenie. Trochę mnie już męczyła rutynowa procedura „przygotuj pudełko z imieniem i włóż do niego zabawny prezent w cenie nie przekraczającej piętnastu dolarów", stosowana w czasie świąt, więc zaproponowałam, żebyśmy spróbowali czegoś innego.

– A może by tak obdarować się nawzajem odrobiną uznania? – zaproponowałam.

Wszyscy z entuzjazmem mi przyklasnęli. Kilka dni przed Bożym Narodzeniem sześcioro z nas zebrało się w moim biurze. Na początek poprosiłam, aby wszyscy przestrzegali kilku podstawowych zasad. Osoba, która przyjmowała pochwały, mogła zareagować jedynie słowem „dziękuję". Dodałam również, iż może się zdarzyć, że ktoś poczuje się niezręcznie, wyrażając lub otrzymując uznanie, w takim wypadku więc będzie mógł to uczynić na osobności. Uzgodniliśmy, że przerwy i momenty ciszy są w porządku, gdyż najprawdopodobniej będą stanowiły sposobność, by dobre słowa wsączyły się w duszę odbiorcy.

Kiedy zaczęliśmy nasze obdarowywanie się, uderzyła mnie myśl, że plemiona i społeczności, które przekazują kulturę z pokolenia na pokolenie poprzez opowiadanie historii, składają się z niezmiernie mądrych ludzi. Tak więc ktokolwiek chciał zabrać głos, miał zilustrować swoją pochwałę odpowiednim opowiadaniem.

Każdy z nas rozpoczynał swoją wypowiedź zwróceniem się do kolegi lub koleżanki następującymi słowami: „(Imię), darem, który mi ofiarowałeś, jest..." W miarę jak wszyscy członkowie grupy kolejno zwracali się do osoby, której wyrażano uznanie, zaczęłam dostrzegać takie aspekty osobowości moich kolegów, których wcześniej nie byłam świadoma. Jeden z pracowników pochwalił drugiego za łaskawość, która przebija z każdego jego ruchu. Następny stwierdził: „Pracuję spokojnie, wiedząc, że jesteś na stanowisku". Inne komentarze mówiły między innymi: „Ofiarowujesz mi dar swojej cierpliwości". „Wysłuchujesz mnie". „W chwili kiedy cię poznałem, poczułem się częścią grupy" i tak dalej. Bycie częścią tego doświadczenia stało się dla nas prawdziwym przywilejem.

Duch oraz poczucie łączności, które dzieliliśmy przez owe sześćdziesiąt minut, przerosły i nas, i nasze najśmielsze oczekiwania. Gdy ostatnia osoba zakończyła wypowiedź, nikt nie chciał się odezwać w obawie, że czar prysnie. W ciszę wplatały się proste, autentyczne i serdeczne prawdy, którymi się wzajemnie obdarzyliśmy. W sercu każdego z nas zagościła pokora i świadomość niezwykłego wzbogacenia.

Wierzę, że dary ofiarowane sobie tamtego dnia będziemy zawsze przechowywać tak pieczołowicie jak najdroższe skarby. Wiem, jak bezcenną wartość miały dla mnie otrzymane słowa uznania. Nie kosztowały nas one nic ponad dobrą wolę dostrzeżenia w drugim człowieku skarbów i powiedzenia tego głośno.

Christine Barnes

Kierowanie sercem

Wysłuchaj i zrozum mnie.
Nawet gdy się ze mną nie zgadzasz, nie czyń nic na moją szkodę.
Uznaj mieszkającą we mnie wspaniałość.
Nie zapomnij poszukać moich dobrych intencji.
Powiedz mi prawdę ze współczuciem.

Hyler Bracey, Jack Rosenblum,
Aubrey Sanford i Roy Trueblood

Phillips, dlaczego pan sądzi, że panu nie ufam?

Dziewczyna o imieniu Lill

Życzliwe słowa mogą się wydawać czymś drobnym i łatwym do wypowiedzenia, jednak odbijają się nieskończonym echem.

Matka Teresa

Lillian była młodą Kanadyjką francuskiego pochodzenia, która wychowała się w wiejskiej okolicy River Canard w Ontario. Kiedy miała szesnaście lat, jej ojciec zdecydował, że nabyła już wystarczającego wykształcenia, i dziewczyna została zmuszona, aby rzucić szkołę i pracować na swoje utrzymanie. W 1922 roku przyszłość osoby o tak ograniczonym wykształceniu, dla której na dodatek angielski nie był językiem narodowym, nie zapowiadała się zbyt jasno.

Jej ojciec, Eugene Bezaire, był surowym mężczyzną z rodzaju tych, którzy rzadko akceptują odpowiedź „nie" na jakiekolwiek swoje polecenie i nigdy nie przyjmują do wiadomości wymówek. Zażądał, żeby Lill znalazła sobie pracę, jednak własne ograniczenia nie wyrobiły w niej zbytniej pewności siebie ani poczucia własnej wartości, więc nie miała pojęcia, co właściwie mogłaby robić.

Z niewielkimi nadziejami na znalezienie pracy codziennie jeździła autobusem do „wielkich miast" – Windsoru czy Detroit. Nie potrafiła jednak zmobilizować w sobie odwagi, by odpowiedzieć na ogłoszenie typu: „Potrzebna pomoc", nie mogła nawet zebrać się, żeby zapukać do czyichś drzwi. Każdego dnia po prostu jechała do miasta, wędrowała po ulicach bez celu i o zmroku wracała do domu.

– No, jak tam, miałaś dziś szczęście, Lill? – pytał ojciec.

– Nie... nie miałam szczęścia, tato – odpowiadała pokornie.

Dni mijały, Lill zaś wciąż jeździła do miasta, a ojciec wypytywał ją o pracę. Jego słowa nabierały coraz bardziej wymagającego tonu i Lill wiedziała, że wkrótce będzie musiała zapukać do jakichś drzwi.

W czasie jednej z wypraw zauważyła na ścianie budynku Carhartt Overall Company w centrum Detroit napis głoszący: POTRZEBNA SEKRETARKA. INFORMACJA W BIURZE.

Wspięła się więc po długich schodach prowadzących do biur Carhartt Company i ostrożnie zapukała do pierwszych drzwi, za którymi przyjęła ją dyrektorka Margaret Costello. Łamaną angielszczyzną Lill wyjaśniła, że interesuje ją posada sekretarki, przy czym skłamała, że ma dziewiętnaście lat. Margaret czuła, że coś tu jest nie w porządku, jednak zdecydowała, że da dziewczynie szansę.

Poprowadziła Lill przez stare biuro Carhartt Company. Przy niezliczonych rzędach biurek siedziały niezliczone rzesze ludzi pracujących przy maszynach do pisania i maszynach liczących i Lill czuła się tak, jakby obserwowały ją setki oczu. Ze spuszczoną głową i oczami wbitymi w podłogę zahukana wiejska dziewczyna szła za Margaret na tyły ponurego pokoju. Dyrektorka posadziła ją przy maszynie do pisania i powiedziała:

– Lill, sprawdźmy więc, co potrafisz.

Napisała za nią pierwszą literę i wyszła. Dziewczyna popatrzyła na zegar – była jedenasta czterdzieści. O dwunastej wszyscy pewnie będą wychodzić na lunch. Zdecydowała, że wtedy najłatwiej będzie się wymknąć niezauważenie. Wiedziała jednak, że powinna przynajmniej spróbować przepisać ten list.

Zabrała się do rzeczy i udało jej się napisać pierwszą linijkę. Choć zawierała tylko pięć słów, znajdowały się w nich cztery błędy. Lill wyjęła kartkę i wyrzuciła ją. Zegar pokazywał teraz za piętnaście dwunastą.

– O dwunastej wyjdę razem ze wszystkimi i nikt mnie tu więcej nie zobaczy – powiedziała do siebie.

Przy drugiej próbie udało jej się przepisać cały paragraf, choć i on zawierał mnóstwo błędów. Kolejny raz wyrzuciła kartkę i zaczęła ponownie. Tym razem ukończyła list, jednak jej praca wprost roiła się od pomyłek. Spojrzała na zegar: jedenasta pięćdziesiąt pięć – do wolności pozostało pięć minut.

Właśnie w tej chwili drzwi po przeciwnej stronie biura otworzyły się i stanęła w nich Margaret. Podeszła prosto do Lill i położyła jedną rękę na biurku, a drugą na ramieniu dziewczyny. Przeczytała list i chwilę stała w milczeniu. Potem stwierdziła:

– Lill, całkiem nieźle ci poszło!

Dziewczynę zupełnie zatkało. Spojrzała na list, a później przeniosła wzrok na Margaret. Dzięki tym prostym słowom zachęty pragnienie ucieczki znikło, zaś jej pewność siebie nieco wzrosła. Pomyślała: Cóż, jeśli ona uważa, że to jest dobre, to pewnie tak jest. Zostaję!

I Lill naprawdę została w Carhartt Overall Company przez... pięćdziesiąt jeden lat, przetrzymując dwie wojny światowe, Wielki Kryzys, jedenastu prezydentów i sześciu premierów. Stało się tak tylko dlatego, że ktoś wpadł na pomysł, by wzmocnić w nieśmiałej i niepewnej dziewczynie poczucie własnej wartości, gdy ta zapukała do jego drzwi.

dedykowane Lillian Kennedy
przez Jamesa M. Kennedy'ego (syna)
i Jamesa C. Kennedy'ego (wnuka)

Doceniamy twoją pracę!

Z nieba spadną centy dla ciebie i dla mnie.

John Burke

Wszystko zaczęło się w Everett w stanie Washington, gdzie moja grupa wprowadzała właśnie pewien nowy system biznesu. Pewnego ranka, gdy szedłem przez parking razem z jednym z moich pracowników, znalazłem centa i podniosłem go z ziemi. W formie żartu podałem mu go i powiedziałem:

– Oto ufundowana przeze mnie nagroda za pańskie wysiłki.

Mężczyzna podziękował mi i włożył monetę do kieszeni.

Gdy sześć miesięcy później szedłem z tym samym człowiekiem, tym razem w Los Alamitos w Kalifornii, znów znalazłem centa i podarowałem mu.

Któregoś razu zdarzyło się, że wszedłem do jego biura i zobaczyłem tam oba centy przyklejone do kawałka papieru. Powiedział, że w ten sposób eksponuje nagrodę za dobrze wykonywaną pracę.

Pozostali pracownicy zauważyli z dumą wyłożone centy i zaczęli mnie wypytywać, dlaczego oni ich nie dostali. Zacząłem więc rozdawać monety z wyjaśnieniem, że stanowią one symbol uznania, a nie nagrodę. Już wkrótce każdy chciał je otrzymać, więc zaprojektowałem dla nich specjalną oprawę. Z przodu znajduje się miejsce na jednego centa, a pod nim napis: „Doceniamy twoją pracę!" Z tyłu są przegródki na trzydzieści jednocentówek okraszone zdaniem: „Twój zbiór sukcesów!"

Kiedyś zauważyłem, że jedna z pracownic niezwykle się stara, i chciałem ją nagrodzić, ale nie miałem przy sobie centa, więc dałem jej dwudziestopięciocentówkę. Jeszcze tego samego dnia, przechodząc obok mojego biura, wydała mi dwadzieścia cztery centy reszty.

Oto, jak narodziła się Prestiżowa Nagroda Jednego Centa, która stała się istotnym wyrazem uznania w naszym miejscu pracy.

Gary Hruska

Dwa dojrzałe banany

Zatrzymaj się, by móc się nadziwić cudom, jakie niesie życie.

Gary W. Fenchuk

Pat Beck jest artystką rzeźbiącą w błocie czy też, ujmując rzecz bardziej precyzyjnie, w materiale będącym mieszaniną błota i słomy, z którego tworzy czarowne postacie emanujące pierwotnym pięknem. Podobnie jak wielu innym artystom jej sztuka nie zawsze przynosi zawrotne dochody, więc Pat od czasu do czasu ratuje swój budżet dodatkowymi zleceniami.

W 1994 roku wraz z przyjaciółką Holly zostały zatrudnione przy realizacji pewnego projektu w niewielkim miasteczku Magdalena w stanie Nowy Meksyk. Magdalena leży w Gallinas Mountains, na skraju wielkiej równiny St. Augustine. Niegdyś nieźle prosperujące centrum wydobywcze i kolejowe przekształciło się obecnie w niewielką osadę.

Pat i Holly przydzielono kawałek terenu w pobliżu pozostałości po stajniach będących wspomnieniem czasów prosperity w handlu bydłem, gdzie mogły rozpocząć realizację projektu. Przy pomocy ludzi z okolicy Holly wykonała dwie ogromne krowy i postać kowboja. Zrobiła je ze znalezionych przedmiotów, takich jak części starych wozów, zużyty drut ofiarowany przez hodowców bydła, a nawet zardzewiała lufa dubeltówki wykopana na czyimś podwórku. Pat pokazała uczniom z liceum, jak się robi cegły z błota i słomy, z których postawiono potem spory mur. Dzieciom z podstawówki zaproponowały wyrzeźbienie dowolnych kształtów, z których wykonano dekoracyjny relief.

W miarę jak całość nabierała kształtów, wielu dorosłych oraz dzieci zatrzymywało się, żeby popatrzeć, jak postępuje praca, artystki zaś zachęcały ich do pozostawienia na murze odcisków dłoni, jakichś znaków lub inicjałów. Dla wykończenia dodano barwy ziemi z rezerwatu Indian Nawaho będących istotną częścią historii regionu. Koniec końców do powstania projektu przyczyniło się trzysta osób.

Jednym z codziennych gości Pat był emerytowany górnik, Gene. Niemal każdego dnia przynosił coś, co pozwalało jej lepiej zrozumieć złoty okres górnictwa – a to jakieś zdjęcie, próbki rudy z kopalni czy stary artykuł prasowy.

Pewnego dnia, kiedy ściana była już prawie ukończona, Gene pojawił się ze zwyczajową wizytą. W przebłysku inspiracji Pat wyrzeźbiła na ścianie twarz starego górnika. Z podarowanej przez Gene'a grudki błyszczącej rudy zrobiła lampkę w jego kasku. Na końcu umieściła pod wizerunkiem jego nazwisko. Oboje stanęli w pewnej odległości, by podziwiać dzieło Pat. Nagle Gene bez słowa odwrócił się na pięcie i odszedł. Pat nie była pewna, czy przypadkiem go w jakiś sposób nie obraziła, ale dziesięć minut później Gene pojawił się znowu z dwoma dojrzałymi bananami w dłoni. Nadal nic nie mówiąc, położył je na murku i poszedł.

Do tej pory Pat otrzymała i z pewnością jeszcze otrzyma wiele wyrazów uznania za swoją twórczość. Wątpię jednak, czy którekolwiek z nich będą aż tak wymowne jak dwa dojrzałe banany.

Maida Rogerson

Księga pamiątkowa

Życie człowieka powinno być umocnione licznymi przyjaźniami. Kochać i być kochanym to największe szczęście.

Sydney Smith

Nauczanie angielskiego w Japonii okazało się dla mnie niezwykle wzbogacającym doświadczeniem. Przyjechałam tu z tęsknoty za przygodą i podróżami, jednocześnie marząc o odrobinie relaksu. Jakimś cudem otrzymałam wszystko, czego pragnęłam, a nawet więcej. Zwiedziłam całą wyspę Honsiu, zapełniłam strony pięciu dzienników, przeczytałam ponad sześćdziesiąt książek, napisałam cztery opowiadania i zaprzyjaźniłam się z nauczycielami szkolnymi i akademickimi z całego świata. Potrafiłam przyjmować to, co otrzymywałam w darze, i miałam szansę za to odpłacić.

Serce jednak pozostawiłam wśród swoich uczniów – biznesmenów przenoszonych przez firmy do Ameryki, gospodyń domowych chcących poszerzyć horyzonty i licealistów, których największym marzeniem jest studiowanie na uniwersytecie w Stanach.

W trakcie całorocznego kursu niejednokrotnie zastanawiałam się, kto tu właściwie jest uczniem, a kto nauczycielem. Uczniowie wspierali mnie i pokrzepiali, pomagając lepiej zrozumieć japońską kulturę. Zagrzewali mnie do wysiłku, gdy zmagałam się po raz pierwszy z literami alfabetu *hiragana*. Towarzyszyli mi w pielgrzymkach po sklepach spożywczych, gdzie przez trzy miesiące usiłowałam znaleźć masło orzechowe. Pokazywali mi, w jaki sposób składać papier, żeby zrobić łabędzia origami, i zabierali na przejażdżki łódką po rzece. Zapraszali mnie na tradycyjne ceremonie picia herbaty, a w okolicach *omisoka*, japońskiego Nowego Roku, zabierali mnie do domów, gdzie przygotowywali przyjęcia na moją cześć. Zaprowadzili mnie również do świątyni i nauczyli, w jaki sposób sprawdzić swoje szczęście, po czym otaczali mnie kołem i krzyczeli: „Ty mieć wiele dobre szczęście! Ty być wielki szczęściarz!"

Ostatnie kilka tygodni, podczas których przygotowywałam się do wyjazdu, szczelnie wypełniały przyjęcia pożegnalne i prezenty. Tak wielu uczniów obsypało mnie podarunkami: torebkami z ręcznie tkanego jedwabiu, puzderkami na biżuterię, ręcznie szytymi chusteczkami do nosa, kolczykami z jadeitu i złoconymi talerzykami z porcelany. Dosłownie zachrypliśmy, śpiewając *karaoke* i wymieniając uściski oraz niezliczone „do widzenia". Przez cały ten czas udawało mi się trzymać swoje emocje na wodzy. Zamiast się rozklejać, pozwalałam im ronić łzy, pocieszając, że będę do nich pisać.

Dziś wieczorem uczę tu po raz ostatni i kończę właśnie zajęcia z moją ulubioną grupą. To studenci zaawansowani, z którymi przez cały rok angażowaliśmy się w dyskusje polityczne, poznawaliśmy slang, odgrywaliśmy różne role, a ponadto czyniliśmy coś niezwykle rzadkiego, jeśli chodzi o spotkanie dwóch kultur – śmialiśmy się wzajemnie ze swoich dowcipów.

Przygotowuję się właśnie do ostatniej lekcji, gdy nagle Mika, dyrektorka szkoły, wzywa mnie do auli. Wchodzę tam i moim oczom ukazuje się grupa nauczycieli i kilkoro uczniów zastygłych w pełnym napięcia oczekiwaniu. Wszystkie oczy są skierowane na mnie, Mika zaś wręcza mi ostatni prezent.

Ostrożnie odwijam papier, gdyż odpakowywanie podarunku jest równie ważne jak sam dar. Bibułka powoli się rozchyla i widzę, że Mika podarowała mi księgę pamiątkową. Opowiada, że przygotowała ją dopiero wczoraj wieczorem jako uwieńczenie wielu tygodni współpracy z uczniami. Oczy ma zaczerwienione. Podnoszę okładkę.

Stronice wypełniają aktualne fotografie wszystkich moich uczniów. Tuż obok zdjęć widnieją słowa wypisane przez nich osobiście na kwadracikach kolorowego papieru. Kwadraciki zdobią serduszka, uśmiechnięte usta, małe główki kotów i gwiazdki, kropki oraz trójkąciki w neonowych barwach.

Dobrze wiem, jak wielkim wyzwaniem dla niektórych moich uczniów jest sklecenie choćby prostego zdania po angielsku, i w miarę czytania czuję, jak powstrzymywana przeze mnie tak długo tama emocji zaczyna pękać.

Dziękuję za pani uprzejme uczenie.

Miałem ciekawa lekcja. Teraz może pewnego dnia jadę do Ameryki.

Ja nigdy zapomnieć do pani.

Uczenie się angielskiego sprawiało mi wielką radość.

Dziękuję za wszystko, co pani mi zrobiła. Ja bardzo smutny, że pani jedzie do Ameryki.

Proszę nie zapomnieć wspomnień w Japonii.

Łzy potoczyły się po mojej twarzy jak groch. Usiłuję doszukać się słów, które tak gładko płynęły przez cały ostatni rok. Moje palce lekko dotykają stron i obrysowują tak dobrze znane twarze. Zamykam okładkę i obejmuję księgę ramionami, przyciskając ją do serca.

Ta księga uchwyciła ich na zawsze. Wprawdzie wyjeżdżam, lecz każdego z nich zabieram w niej ze sobą do Ameryki.

Gina Maria Jerome

Trener, który miał duszę

Wielkość ciała ma naprawdę niewielkie znaczenie, wielkość mózgu liczy się nieco bardziej, jednak to wielkość serca ma znaczenie najistotniejsze.

B. C. Forbes

W późnych latach czterdziestych w Cincinnati w stanie Ohio był sobie mały chłopiec, który chciał zostać najmniejszym zawodnikiem drużyny futbolowej w swojej parafialnej szkole podstawowej. Wymagana minimalna waga zawodnika wynosiła siedemdziesiąt funtów, więc chłopiec ze wszystkich sił starał się przytyć o te kilka koniecznych funtów. Trener doskonale wiedział, jak bardzo chłopcu zależy na wejściu do drużyny, więc zachęcił go, żeby w dniu ważenia postarał się „podbić" wagę, jedząc mnóstwo bananów i pijąc koktajl. Chłopcu udało się podnieść wskazówkę wagi do sześćdziesięciu dziewięciu i pół funta i już wkrótce znalazł się na liście zawodników.

Przez cały sezon trener trzymał małego chłopca na ławce rezerwowych i to dla jego własnego dobra. Górna granica wagi w lidze wynosiła sto dwadzieścia funtów, więc nie chciał, żeby chłopak odniósł obrażenia. Jednak w ostatnim meczu sezonu w drużynie brakowało kilku zawodników i trener musiał posłać chłopca na boisko, aby gra mogła się odbyć. Dla bezpieczeństwa umieścił go w obronie, sądząc, iż tym sposobem chłopak uniknie najcięższych potyczek. Wyobraźcie sobie jednak, że w ostatnim starciu meczu napastnik z przeciwnej drużyny pokonał linię obrony, ominął drugiego obrońcę i biegł prosto na małego chłopca.

Kiedy chłopiec wyjrzał przez otwór w kasku, który był na niego zbyt duży i nieustannie zsuwał mu się na oczy, dostrzegł zbliżającego się napastnika. Natychmiast pochylił się, usiłując się przygotować na zetknięcie z olbrzymem ważącym sto dwadzieścia funtów. Gdy napastnik się zbliżył, jedyną myślą, która przemknęła chłopcu przez głowę, było: Ten facet ma owłosione nogi! A on stał tam ze swoimi siedemdziesięcioma funtami, usiłując zmierzyć się z tym wielkim, owłosionym gościem. W chwili prawdy wyciągnął ręce w kierunku nóg napastnika, uczepił się jednej i trzymał się z całych sił, podczas gdy zawodnik wlókł tę małą przeszkodę za sobą po boisku. Jedyną rzeczą, jaką widział, był kurz boiska, bowiem kask spadł mu z głowy i potoczył się aż do strefy końcowej.

Kompletnie porażony owym doświadczeniem chłopiec z wysiłkiem powstrzymywał łzy razem z poczuciem, że zawiódł swoją drużynę. Ku jego zdumieniu trener wraz z całą drużyną wbiegł na boisko, aby mu pogratulować! Pochwalił go za to, że się nie poddał i nie pozwolił się przestraszyć wielkiemu napastnikowi. Jego koledzy z drużyny wynieśli go na ramionach z boiska i ogłosili go „najodważniejszym zawodnikiem w drużynie".

Ów trener nazywa się Dan Finley, a tym małym chłopcem byłem ja. Dan, który obecnie jest czterdziestoletnim mężczyzną, był w młodości doskonałym zawodnikiem zapowiadającym się na przyszłą sławę ligi baseballowej. Niestety, zachorował na polio i już wkrótce mógł chodzić tylko w szynie, podpierając się laską. Wtedy zadecydował, że całą swą energię włoży w trenowanie dzieciaków. Radość gry została mu przedwcześnie odebrana, więc pragnął pomóc dzieciom wydobyć jak najwięcej radości z przebywania na boisku, co zresztą czyni po dziś dzień.

Darrell J. Burnett

4

Obsługa: ustanawianie nowych zasad

Praca wykonywana w autentycznym duchu służby...
jest sposobem oddawania czci Bogu.

Baha Allah,
założyciel bahaizmu

Usługi bankowe na najwyższym poziomie

Wielkie sposobności, by pomagać innym, zdarzają się rzadko, jednak te drobne spotykają nas każdego dnia.

Sally Koch

Kiedy mój syn był jeszcze kilkunastoletnim chłopcem, wybrał się z kolegą autobusem na wyprawę po mieście w poszukiwaniu osi do deskorolki. Obaj mieli przy sobie po dwadzieścia dolarów. Kiedy znaleźli się w centrum, okazało się, że potrzebują więcej pieniędzy na opłatę za autobus i zakup. Brakowało im trzech dolarów i siedemdziesięciu pięciu centów.

W pobliżu znajdowała się filia naszego banku, więc postanowili wejść tam i zaciągnąć pożyczkę. Urzędniczka poinformowała ich, że to niemożliwe, mogli jednak otrzymać zaliczkę na poczet kart kredytowych rodziców. Zadzwonili więc do domu, ale nikt nie odebrał telefonu. Ponownie zwrócili się do pracownicy banku z pytaniem, co jeszcze mogliby zrobić, a ona odesłała ich do wicedyrektora. Gdy ten zapytał chłopców, z jakiego powodu bank miałby udzielić im pożyczki, odpowiedzieli:

– Ponieważ należymy do drużyny skautów, jesteśmy dobrymi uczniami i wiarygodnymi ludźmi.

Dyrektor odparł, że z uwagi na to, iż nie mają poręczyciela, będą musieli podpisać pisemne zobowiązanie. Po dopełnieniu formalności bank wypłacił im pieniądze, których potrzebowali do zakończenia misji.

Później odkryliśmy, że ten wspaniały człowiek pożyczył chłopcom pieniądze z własnej kieszeni. (Mój mąż następnego dnia zadzwonił do niego, prosząc o pożyczkę na dom na tych samych warunkach!) Rozmawiając z nim, dowiedzieliśmy się, że udzielił już wielu takich pożyczek, między innymi na bardzo dużą sumę wypłaconą żonie oficera marynarki, której renta przybywała z opóźnieniem. Powiedział nam, że zwrócono mu wszystkie kwoty niemal w stu procentach i że możliwość pomagania innym jest jednym z najbardziej satysfakcjonujących aspektów jego pracy.

Mój syn i jego kolega zaraz następnego ranka wskoczyli do autobusu. Spłacili zaciągniętą pożyczkę i otrzymali swoje zobowiązanie, podpisane przez dyrektora banku. Niewątpliwie zostali tam obsłużeni według najwyższych standardów.

Sharon Borjesson

Stewardesa, która kochała swoją pracę

Rób to, co kochasz, i kochaj to, co robisz, a już nigdy w życiu nie będziesz zmuszony pracować.

Anonim

Dzień dobry, panie i panowie. Witamy na pokładzie samolotu United Airlines rejsu numer 548 z Palm Springs do Chicago.

Chwileczkę! Kłębowisko myśli przelatuje mi przez głowę. Wiem, że jest bardzo wcześnie, dokładnie szósta pięćdziesiąt rano, jednak mam pewność, że to lot do Denver.

– Teraz, kiedy już wszyscy słuchają – kontynuuje głos – chciałabym powiedzieć, że na imię mam Annamarie i będę dziś państwa pierwszą stewardesą. Tak naprawdę lecimy prosto do Denver, więc jeśli nie planowali państwo dziś tam gościć, najlepiej byłoby w tej chwili opuścić samolot.

Oddycham z ulgą, Annamarie zaś kontynuuje:

– Bezpieczeństwo jest dla nas sprawą niezwykle ważną, proszę więc wyjąć instrukcję znajdującą się przed państwem i zapoznać się z jej treścią. Bardzo proszę, wszyscy wyciągamy broszurki i powiewamy nimi w powietrzu!

Siedemdziesiąt procent pasażerów przełyka ślinę i wykonuje polecenie, dwadzieścia procent śpi dalej, ostatnie dziesięć to zgorzkniałe ponuraki.

– W przypadku przymusowego lądowania na wodzie sami musicie państwo podjąć decyzję. Możecie się pomodlić, płynąć jak oszalali albo wykorzystać własne siedzenie jako tratwę.

Niemal dwadzieścia procent śpiochów zaczyna się wydobywać ze stanu zerowej percepcji.

– Za chwilę będziemy serwować śniadanie. W karcie mam jajka à la Benedict i francuskie naleśniki z owocami: w gruncie rzeczy to tylko żart, ale moim zdaniem to brzmi całkiem nieźle. W każdym razie macie państwo wybór między omletem a płatkami z zimnym mlekiem.

W tej chwili nawet na twarzach kilku ponuraków pojawia się uśmiech. Dzięki za nadzwyczaj sympatyczny lot, Annamarie. I dzięki Bogu za stewardesy, które wykonują swoją pracę z niekłamaną pasją!

Glenn Van Ekeren

To dopiero obsługa

Jedynym prawdziwym sposobem na wyróżnienie się pośród konkurencji jest poprawa jakości usług.

Jonathan Tisch

Lubię gotować. Szczególnie kiedy w grę nie wchodzi żadna specjalna okazja, taka jak goście, których trzeba przyjąć wyjątkowo wystawnie, czy krewni wpadający na kolację. Wtedy wrzucam do garnka odrobinę tego czy owego i jeśli nic z tego nie wyjdzie, serwuję jakieś gotowe danie dla dwojga i kilka tostów z jajkiem.

Jednak tym razem chodziło o Święto Dziękczynienia i to w nowym kraju, w nowym mieście i wśród nowych przyjaciół. Była to ważna sprawa – tak ważna, iż większość dań na kolację przygotowałam z wyprzedzeniem. Tuż przed samym Świętem poczułam się raczej zadowolona. Gotowe ciasta czekały w kredensie, indyk został udekorowany nadzieniem, słodkie ziemniaki ugotowane, dom zaś lśnił tą szczególną czystością, osiąganą raz do roku. Wczesnym popołudniem odbyłam rozmowę telefoniczną, która przypomniała mi, że dwoje z moich gości jest wegetarianami. Jestem pewna, że z powodzeniem najedliby się warzywami i sałatkami, które przygotowałam, jednak miałam jeszcze tak dużo czasu, że zdecydowałam się zostawić piekącego się indyka w piecyku i wyskoczyć do Alfalfy – jednego z okolicznych sklepów wegetariańskich, żeby kupić coś odpowiedniego na przystawkę.

Mieszkamy na wsi. W naprawdę tętniący życiem dzień jakiś samochód przejeżdża obok naszego domu nie częściej niż raz na godzinę, nie spodziewałam się więc, że aż tyle osób wybierze się do miasta, żeby kupić coś w ostatniej chwili. Wszędzie warczały silniki i tak samo zachowywali się właściciele wozów. Zaczynało się robić późno, a ja jeszcze nawet nie zdołałam znaleźć miejsca do parkowania! Kiedy tylko postawiłam wóz, wszystko się zmieniło.

Dyrektor sklepu stał na parkingu, kierując ruchem i wskazując kierowcom wolne miejsca. Zaparkowałam i biegiem ruszyłam do sklepu. W środku wszędzie kręcił się personel, podając towar, doradzając i pomagając klientom znaleźć to, czego szukali. Prędko włożyłam do koszyka potrzebne mi rzeczy, lecz mimo że wszystkie kasy były otwarte, ciągnęły się przed nimi tasiemcowe kolejki. Zaciskałam zęby na myśl o gościach, którzy stoją w drzwiach mojego domu witani jedynie przez swąd przypalonego indyka.

Stojący przede mną dżentelmen również miał spanikowany wyraz twarzy lub też tylko tak mi się wydawało, ponieważ atrakcyjna kobieta właśnie wykonywała mu masaż szyi i ramion. Ale z niego szczęściarz! – pomyślałam. Dosłownie w tym momencie kobieta odwróciła się do mnie i powiedziała:

– Czy życzy pani sobie masaż szyi i ramion, zanim dojdzie pani do kasy?

Czy życzę sobie?! Podczas gdy ona zabrała się do masowania, a ja zaczęłam znów spokojnie oddychać, pomyślałam: Czy to nie cudowne? Obrotna masażystka wykonująca swój zawód tam, gdzie jest to najbardziej potrzebne. Kiedy skończyła, spytałam, ile płacę.

– Nie, nie – odpowiedziała. – Masaż to prezent od sklepu.

Pytam was więc, czy to nie wspaniała obsługa? Reszta dnia przebiegła mi jak z płatka. A kolacja w skali od jeden do dziesięć? Około czternastu.

Maida Rogerson

Tego nie ma w karcie

Po cóż innego żyjemy, jeśli nie po to, by czynić świat łatwiejszym do zniesienia dla siebie nawzajem.

George Eliot

Moja praca zmusza mnie do częstych podróży i jedną z rzeczy, których szczególnie wtedy nie lubię, jest konieczność samotnego jedzenia posiłków. Zawsze czuję się taka samotna, gdy widzę, jak inni śmieją się i gawędzą, poza tym od czasu do czasu towarzyszy mi kłopotliwe podejrzenie, że wyglądam tak, jakbym czekała, żeby ktoś mnie poderwał. Dlatego też najczęściej zamawiam kolację do pokoju, aby uniknąć tego rodzaju niedogodności. Mimo to prędzej czy później mam ochotę wyjść z hotelowego pokoju. Wypracowałam sobie nawet pewną strategię: schodzę do hotelowej restauracji w chwili otwarcia, ponieważ jest wtedy niemal pusto i nie czuję się taka zakłopotana.

Po tym jak trzy razy z rzędu zamówiłam kolację do pokoju w Wyndham Hotel w Houston, poczułam, że muszę wreszcie wyjść. Mimo że restaurację otwierano o szóstej trzydzieści, stałam przed jej drzwiami już o szóstej dwadzieścia pięć. Szef przywitał mnie i rzucił jakąś uwagę w stylu: „Naprawdę wcześnie dziś pani przyszła". Wyjaśniłam mu więc, jak bardzo nie lubię jadać sama w restauracjach. Potem on posadził mnie przy wyjątkowo gustownie nakrytym stole i powiedział:

– Wie pani, nie mam chwilowo aż tak dużo pracy, gdyż pierwsi klienci zaczynają się zjawiać dopiero po siódmej. Czy nie zechciałaby pani, bym choć przez chwilę potowarzyszył pani przy kolacji?

Byłam zachwycona! Usiedliśmy razem, a on opowiedział mi o swoich ambicjach zawodowych, zainteresowaniach, trudnościach związanych z pogodzeniem pracy szefa restauracji z życiem rodzinnym i niedogodnościach dotyczących pracy na nocną zmianę, w weekendy i święta. Pokazał mi zdjęcia żony, dzieci, a nawet psa! Po piętnastu minutach zauważył, że przy kontuarze pojawili się jacyś klienci, więc przeprosił mnie i odszedł. Kątem oka zauważyłam, że zanim do nich dotarł, na moment zajrzał do kuchni.

Kiedy mój nowy przyjaciel wskazywał stolik następnym gościom, z kuchni wyłonił się jeden z kelnerów i podszedł do mnie.

– Dziś wieczorem obsługuję rewir na tyłach sali i jestem pewien, że jeszcze przez jakiś czas nikt tam nie usiądzie. Czy miałaby pani coś przeciwko temu, gdybym posiedział z panią trochę?

Doskonale się nam gawędziło, póki ktoś nie usiadł w jego rewirze, więc był zmuszony przeprosić mnie i odejść.

Zaraz potem z kuchni wyszedł jeden z młodych pomocników kelnera. I on zapytał, czy może potowarzyszyć mi przez kilka minut. Prawie nie mówił po angielsku, ale tak się składa, że uczyłam kiedyś angielskiego, więc mieliśmy dużą frajdę z rozmowy o jego doświadczeniach związanych z przybyciem do Ameryki. Podzielił się ze mną wszystkimi wyrażeniami, których nauczono go w kuchni, gdy tylko zaczął tu pracować (możecie to sobie wyobrazić!). Kiedy w restauracji zrobiło się gwarno, przeprosił mnie i zajął się pracą. Zanim opuściłam restaurację w tamten pamiętny wieczór, nawet sam szef kuchni pojawił się, aby zapewnić mi towarzystwo!

Kiedy poprosiłam o rachunek (około półtorej godziny

później), restauracja niemal przerwała pracę. Wszystkie osoby, które siedziały przy moim stoliku podeszły do mnie całą grupą. Wręczyły mi bardzo długą czerwoną różę i powiedziały:

– To najsympatyczniejszy wieczór, jaki nam się tu przydarzył.

Popłakałam się ze wzruszenia! To, co zapowiadało się dla mnie jako samotny wieczór, przekształciło się w przepiękne doświadczenie zarówno dla obsługi, jak i klientki.

Barbara Glanz
(z książki *Care Packages for the Workplace; Dozens of Little Things You Can Do to Regenerate Spirit at Work*. McGraw Hill, © 1996)

„Zacznijmy jeszcze raz"

Róbcie to ze swadą, róbcie to dobrze i róbcie to z klasą.

Fred Astaire

Jakiś czas temu bezpośrednio doświadczyłem czegoś, co określam jako „najwyższej jakości obsługa klienta". Było to w pewną mroźną, zimową sobotę w Toronto.

Weekend rozpoczął się podobnie do wielu innych weekendów, kiedy się ma drugą rodzinę: moje dzieci pojechały odwiedzić matkę, a moja druga żona Kate i ja spędzaliśmy wolne dni we dwoje. Sobotę mieliśmy zamiar przeżyć spokojnie i przyjemnie. Wstaliśmy późno i z przyjemnością stwierdziliśmy, że jesteśmy już jakieś trzy czy cztery godziny spóźnieni z rzeczami, które zaplanowaliśmy.

Kończąc przechadzkę po sklepach i galeriach, przybyliśmy do wspaniałego, czterogwiazdkowego hotelu, gdzie około czwartej po południu zamierzaliśmy zjeść późny lunch. Restauracja wyglądała nader zachęcająco. Kate zamówiła coś smażonego i cała przygoda się rozpoczęła, kiedy talerz pojawił się na stole.

Na samym środku potrawy spoczywał bowiem wdzięcznie koniec palca gumowej rękawiczki. Natychmiast wezwałem kelnerkę.

– Cóż to takiego? – zapytała Kate z odpowiednią dozą oburzenia w głosie.

– Nie jestem pewna – odpowiedziała kelnerka, znikając z talerzem za kuchennymi drzwiami.

Nie minęła minuta, a stanęła w nich ponownie razem z szefem restauracji.

– *Madame*, popełniliśmy niewybaczalny błąd i szczerze przepraszamy.

No, nieźle.

– Zacznijmy jeszcze raz – ciągnął szef. – Proszę usunąć wszystko ze stolika – poinstruował kelnerkę, a ona zabrała wino, sztućce, moje jedzenie, obrus: dosłownie wszystko! – Pozwólcie nam państwo usunąć to przykre wspomnienie – poprosił szef.

Stół został ponownie nakryty, podano nam karty, a my raz jeszcze zamówiliśmy wino i dania. Ponownie zabieraliśmy się do wspaniałego lunchu.

Szef restauracji rozwiał przykre wspomnienie złej obsługi i zastąpił je naprawdę wspaniałym. Nie wyparł się niedobrego doświadczenia, lecz przysłonił je lepszym i bogatszym. Jedzenie było przepyszne, obsługa zaś najwyższej klasy. Czułem się jak w teatrze.

Aha, i jeszcze coś – nie zapłaciliśmy ani grosza.

Richard Porter

„Ach, *bambini*!"

Życzliwość to oznaka serca przepełnionego miłością.

Anonim

Mój mąż i ja podróżowaliśmy po Włoszech z dwójką maleńkich dzieci i opiekunką. Na zmianę z nią zajmowaliśmy się dziećmi, tak abyśmy wszyscy mogli zwiedzać zabytkowe kościoły i muzea. Tego dnia jednak zabraliśmy maluchy ze sobą, ponieważ mieliśmy tylko jeden dzień na wizytę w Asyżu, a wszyscy bardzo pragnęliśmy go zobaczyć. Był cudowny ranek – czując się niczym pielgrzymi o przepełnionych radością sercach, na zmianę czytaliśmy opowieści o świętym Franciszku. Dzieci gaworzyły wesoło, gdy wspinaliśmy się po krętych uliczkach.

Jednakże pod koniec tego upalnego dnia i wędrówek w czterdziestostopniowym, włoskim słońcu dzieciaki płakały w głos. Jedno z nich wymiotowało, a drugie miało biegunkę. Byliśmy już naprawdę poirytowani i wyczerpani, a czekała nas jeszcze trzygodzinna podróż powrotna do Florencji, gdzie mieliśmy kwaterę. Gdzieś na równinach Perugii zatrzymaliśmy się w maleńkiej trattorii na kolację.

Zawstydzeni naszym pożałowania godnym stanem i rozwrzeszczanymi dziećmi, z uszami po sobie usiłowaliśmy przemknąć się do sali jadalnej w nadziei, że uda nam się uspokoić dzieci na tyle długo, by zdołać coś zamówić, zanim nas wyrzucą. Właściciel rzucił na nas okiem, mruknął: „Poczeka tutaj" i zniknął w kuchni. Pomyśleliśmy, że najlepiej będzie, jeśli stąd wyjdziemy, lecz zanim się zdecydowaliśmy, pojawił się ponownie razem z żoną i nastoletnią córką. Przechodząc przez jadalnię, kobiety rozłożyły ręce, z promiennymi twarzami zakrzyknęły: „Ach, *bambini*!" i odebrały nam dzieci, wskazując jednocześnie spokojny stolik w rogu sali.

Przez cały ten długi czas, gdy my doświadczaliśmy ogromnej gościnności i jedliśmy kolację, obie spacerowały z dziećmi na tyłach sali, przemawiając do nich, śmiejąc się i usypiając delikatnymi, melodyjnymi słowami języka włoskiego. Właściciel zaproponował nawet, żebyśmy zostali na dodatkowy kieliszek wina, kiedy maluchy usnęły!

Rodzice, którzy wiedzą, co to znaczy osiągnąć resztki cierpliwości w obcowaniu z niemowlęciem, na pewno docenią fakt, iż Bóg naprawdę przez cały czas zsyła nam anioły.

Redaktorzy „Conari Press"

Coś więcej niż przyjęcie zamówienia

Czuj się odpowiedzialny za wyższy standard, niż ktokolwiek po tobie oczekuje.

Henry Ward Beecher

W 1987 roku przygotowywałem się do wygłoszenia przemówienia na konferencji dla dyrektorów sklepów z owocami morza. Z braku jakiejkolwiek interesującej historyjki dotyczącej owej branży postanowiłem zabawić się w „tajemniczego klienta" i wybrałem się do pobliskiego sklepu spożywczego w nadziei sprowokowania jakiejś sytuacji mogącej zakończyć się barwną opowieścią.

Jak tylko zbliżyłem się do szyby zamykającej dział z owocami morza, usłyszałem głos, który powiedział:

– W jaki sposób mógłbym panu pomóc?

On nie ma pojęcia, że zaraz zgotuję mu prawdziwy teleturniej, myślę i ruszam do akcji:

– Wie pan, niezmiernie interesuję się zdrowym żywieniem. Słyszałem, że niektóre gatunki owoców morza zawierają bardzo dużo cholesterolu, a inne nie. Czy mógłby pan mi je wskazać?

– A czy zdaje pan sobie sprawę z tego, że istnieją dwa rodzaje cholesterolu, proszę pana? – on na to, rozpoczynając jasny i pomocny wykład medyczny na temat różnicy między lipoproteinami o wysokiej i niskiej gęstości. Wtedy byłem już pewien, że mam do czynienia z ponowną inkarnacją doktora Marcusa Welby'ego.

Mimo że jego odpowiedź nieco zbiła mnie z tropu, uparcie kontynuowałem swój test dotyczący znajomości oferowanych produktów.

– Chodziłoby mi o to, by moje dania z owoców morza były jak najbardziej różnorodne. Mieszkam przecież w Seattle, gdzie można kupić takie wspaniałe ich rodzaje, ale nie znam zbyt wielu przepisów. Proszę zrozumieć, że jestem człowiekiem dosyć zajętym, więc niech mi pan pomoże znaleźć coś nieskomplikowanego do przyrządzenia.

Specjalista od owoców morza energicznie wymaszerował zza lady i skinieniem ręki wykonał gest sygnalizujący „proszę za mną". Podążyliśmy wzdłuż półek prosto do działu z przyprawami. Mężczyzna sięgnął na najwyższą półkę, zdjął z niej jakieś pudełko i powiedział:

– Oto doskonała japońska przyprawa. Niezwykle wszechstronna. Komponuje się z każdym rodzajem owoców morza. Dobrze więc byłoby zacząć od niej.

W drodze powrotnej do jego działu zatrzymał się tuż przed szklaną gablotą, spojrzał mi prosto w oczy i powiedział:

– Proszę pana, chciałbym się upewnić, że rozumiem, o co panu chodzi. Szuka pan zdrowych owoców morza i kilku przepisów, których przygotowanie nie zabrałoby zbyt wiele czasu?

– Dokładnie tak – potwierdziłem.

– Miałbym więc dla pana coś odpowiedniego. – Wyjął skądś książkę i pokazał mi okładkę. *Zdrowe i łatwe do przyrządzenia dania z owoców morza,* głosił tytuł.

Gdy przerzucałem pobieżnie strony, przekonałem się, że pozycja oferuje przepisy na naprawdę pyszne dania. Kompletnie zapominając, w jakim celu pojawiłem się w tym sklepie, nie mogłem się powstrzymać od kupienia tego i owego. Łosoś... halibut... tuńczyk... małże! Naprawdę mnie wzięło.

Kiedy popychałem przed sobą wyładowany wózek w kierunku kasy, dotarła do mnie ironiczna wymowa całej sytuacji. Przyszedłem do działu z owocami morza, żeby przetestować wiedzę tego faceta dotyczącą branży, jaką się zajmuje, i zdobyć jakąś historyjkę do przemówienia. Wychodziłem zaś z taką furą zakupów poczynionych w owym dziale, jakiej w życiu jeszcze nie zrobiłem podczas jednej wizyty w sklepie.

Ten ekspert od owoców morza był kimś więcej niż osobą przyjmującą zamówienia. Był również wspaniałym pomocnikiem w rozwiązywaniu problemów, który na zawsze zmienił jakość moich posiłków z owoców morza i sprawił, że tamtego dnia poczułem się jak najważniejszy klient w jego sklepie. Gdyby istniało coś takiego jak Parada Gwiazd Supermarketów, mój sklepowy wózek wypełniony po brzegi owocami morza stałby się znamiennym wotum zaufania dla tego oddanego swemu zajęciu pracownika.

Art Turock

Obsługa klienta to nie byle co

Nie tak dawno temu zapytano jedną z turystek goszczących w kurorcie Polynesian Village w Walt Disney World, jak jej się podobał pobyt. Kobieta odpowiedziała recepcjonistce, że spędziła tu cudowne wakacje, tylko nie może odżałować, że zgubiła kilka rolek filmu Kodaka z nie wywołanymi jeszcze zdjęciami. Szczególnie martwiła ją utrata fotografii zrobionych podczas polinezyjskiego święta, gdyż stamtąd pochodziły jej najpiękniejsze wspomnienia.

Proszę zrozumieć, że nie mamy żadnych sformułowanych na piśmie przepisów dotyczących rekompensaty za zgubione zdjęcia. Na szczęście recepcjonistka pojmowała, na czym polega troska o gości w świetle filozofii Disney World. Poprosiła więc turystkę o pozostawienie jej kilku nowych filmów i obiecała, że sama zajmie się resztą.

Dwa tygodnie później kobieta otrzymała przesyłkę, w której znajdowały się zdjęcia ukazujące całą obsadę przedstawienia imitującego tradycyjne święto, własnoręcznie podpisane przez występujących. Były tam również fotografie z parady i pokazu sztucznych ogni w parku, wykonane przez recepcjonistkę już po godzinach pracy. Tak się składa, że znam tę historię, ponieważ owa turystka napisała do nas list. Twierdziła, że przez całe życie nie spotkała się z tak życzliwą i współczującą obsługą w żadnej instytucji.

Rewelacyjna obsługa nie pochodzi z przepisów i nakazów. Rodzi się ona w sercach ludzi, którzy troszczą się o innych, oraz w kulturze, która promuje i kształtuje takie podejściem.

Valerie Oberle
wiceprezes Disney University
Guest Programs

Przekaż to dalej

Mamy skłonność do mierzenia sukcesu raczej takimi wskaźnikami jak wielkość dochodów czy rozmiary samochodu niż jakość naszej służby lub związki z ludźmi.

Martin Luther King

Oto i utknąłem razem z żoną i dwuletnią córką na odludnym, zaśnieżonym kempingu w Rogue River Valley w Oregonie, ponieważ silnik samochodu nie chciał nawet drgnąć. Odbywaliśmy właśnie podróż mającą uczcić ukończenie przeze mnie drugiego roku stażu, jednak moje oblatanie w kwestiach medycznych nie na wiele się zdało w przypadku niesprawnego wozu, który wypożyczyliśmy na tę wycieczkę.

Zdarzyło się to dwadzieścia lat temu, ale pamiętam wszystko tak samo wyraźnie, jak bezchmurne niebo Oregonu. Właśnie się obudziłem, pogmerałem trochę przy włączniku światła i przywitała mnie ciemność. Spróbowałem uruchomić zapłon. Bez skutku. Kiedy wygramoliłem się z przyczepy, rwący nurt strumienia zagłuszył na szczęście ciskane przeze mnie przekleństwa.

Oboje z żoną skonstatowaliśmy, że padliśmy ofiarą wyładowanego akumulatora i że w tej sytuacji moje nogi przydadzą mi się o wiele bardziej niż wiedza motoryzacyjna. Postanowiłem cofnąć się do głównej autostrady, którą pozostawiliśmy kilka mil za sobą, podczas gdy żona z córeczką miały na mnie czekać.

Dwie godziny później z nogą skręconą w kostce dowlokłem się do autostrady i zatrzymałem ciężarówkę wiozącą drewno, której kierowca wysadził mnie przy pierwszej stacji benzynowej, na którą się natknęliśmy. Kiedy się do niej zbliżaliśmy, z przerażeniem zdałem sobie sprawę z tego, że jest niedziela rano. Stacja była zamknięta, jednak przed budynkiem znajdował się aparat telefoniczny i sfatygowana książka numerów. Zadzwoniłem do jedynego warsztatu motoryzacyjnego w pobliskim miasteczku, jakieś dwadzieścia mil stamtąd.

Telefon odebrał Bob, który cierpliwie wysłuchał opowieści o moich kłopotach.

– Nie ma problemu – rzucił, kiedy podawałem mu swoje namiary. – Zwykle nie pracujemy w niedzielę, ale będę tam za pół godziny.

Jego odpowiedź spowodowała u mnie westchnienie ulgi, ale i świadomość finansowych konsekwencji jego przyjazdu.

Bob przybył swoim błyszczącym, czerwonym wozem do holowania wraków i pojechaliśmy na kemping. Kiedy wysiadaliśmy z ciężarówki, nie posiadałem się ze zdumienia, dostrzegając, że wydobywa się z niej z nogami w szynach i o kulach. Był częściowo sparaliżowany! Ruszył w stronę przyczepy, a ja ponownie rozpocząłem umysłową gimnastykę obliczania kosztów jego łaskawości.

– Tak, to tylko wyładowany akumulator. Trochę go podładujemy i będziecie mogli ruszać.

Bob wyjął akumulator i podczas gdy ten się ładował, zabawiał moją córeczkę magicznymi sztuczkami. Wyjął nawet zza ucha dwudziestopięciocentówkę i podarował jej.

Kiedy wkładał sprzęt z powrotem do ciężarówki, zapytałem, ile jestem mu winien.

– Och, nic – odpowiedział ku memu zdumieniu.

– Muszę panu zapłacić – nalegałem.

– Nie – zaoponował. – Kiedyś w Wietnamie ktoś pomógł mi w gorszej opresji niż ta. Wtedy właśnie straciłem władzę w nogach. Ten człowiek powiedział, żebym przekazał to dalej, tak więc nie jest mi pan nic winien. Tylko niech pan pamięta, gdy tylko nadarzy się okazja, proszę to przekazać dalej.

Dodajcie teraz szybko do mojego życia dwadzieścia lat i przenieśmy się do często odwiedzanego gabinetu lekarskiego, gdzie odbywają praktyki studenci medycyny. Studentka drugiego roku, Cindy, studiująca w innym stanie odbywa miesięczną praktykę właśnie u mnie, co umożliwia jej pozostawanie z mieszkającą tu matką. Właśnie zakończyliśmy badanie pacjenta, któremu życie zniszczyły alkohol i narkotyki. Razem z Cindy stoimy przy stanowisku pielęgniarskim, dyskutując nad możliwościami terapii, gdy nagle zauważam, że w jej oczach pojawiają się łzy.

– Czy rozmowa o tych sprawach sprawia ci problem? – pytam.

– Nie – przełyka łzy Cindy. – Chodzi o to, że moja matka mogłaby być tym pacjentem. Ma te same problemy.

Czas lunchu spędziliśmy w pokoju konferencyjnym, rozważając tragiczną historię alkoholizmu matki Cindy. Tonąc w bólu i łzach, Cindy odsłoniła przede mną lata gniewu, wstydu i wrogości, które charakteryzowały życie jej rodziny. Zaoferowałem Cindy nadzieję na włączenie jej matki w program leczenia i załatwiliśmy jej wspólnie wizytę u specjalisty. Pod silnym naciskiem pozostałych członków rodziny matka Cindy zgodziła się na leczenie. Poszła do szpitala na kilkanaście tygodni i wyszła stamtąd jako nowa, odmieniona osoba. Rodzina Cindy była już wtedy na granicy rozpadu, aż tu po raz pierwszy od dawna zaświtała dla niej iskierka nadziei.

– W jaki sposób zdołam się panu odpłacić? – zapytała Cindy.

Przypomniawszy sobie nieruchomy wóz na tonącym w śniegu kempingu i sparaliżowanego samarytanina, wiedziałem, że mogę jej dać tylko jedną odpowiedź.

– Po prostu przekaż to dalej.

Kenneth G. Davis

Środowe poranki z Elvisem

Ten, kto sieje nasiona życzliwości, zbiera niezliczony plon.

Anonim

Od czternastu lat pracuję jako sprzątaczka i przez cały ten okres do moich ulubionych klientek należała sędziwa pani Avadesian. Była to kobieta żylasta jak sprężyna i wydawało się, że nieustannie się kiwa na wszystkie strony, bo jej siwy kok powiewał ciągle to tu, to tam. Nie jestem pewna, ile właściwie miała lat, ale wiem, że kilka lat temu pochowała ostatnie z sześciorga dzieci, z których każde przynajmniej przez jakiś czas pozostawało na utrzymaniu opieki społecznej. Wiedziałam jednak coś jeszcze o pani Avadesian, o czym na pewno nie miał pojęcia żaden członek jej rodziny ani nikt z przyjaciół. Była to nasza mała tajemnica.

Pani Avadesian miała bzika na punkcie Elvisa.

Odkryłam to całkiem przypadkowo któregoś ranka, gdy wchodząc do salonu, spostrzegłam, że pospiesznie chowa coś za plecami.

– Ojej! – wyjąkała, cofając się o krok.

Stałyśmy tak twarzą w twarz przez całą wieczność. Uciekała wzrokiem to tu, to tam, po czym z oporami spojrzała mi w oczy, testując moją lojalność i szukając zrozumienia. Znalazła je i twarz jej się rozjaśniła.

Wtedy to zdecydowała, że wyjawi mi swoją szczególną tajemnicę, i już po chwili jej sekret ukazał się w całej krasie – to jest w krasie nieco wyblakłej: sam Elvis uśmiechał się do nas z okładki „Teen Magazine" z 1956 roku tym charakterystycznym uśmiechem, który głosił: „jestem Królem i niezłym facetem". Podniosłam wzrok na panią Avadesian i zobaczyłam, że jej twarz poczerwieniała.

Począwszy od tego dnia, w każdą środę Król przybywał do domu pani Avadesian z wizytą. Dokładnie o dziewiątej rano wciągałam swój sprzęt czyszczący do jej rozpadającego się domu w stylu wiktoriańskim, a ona już tam na mnie czekała, spacerując tam i z powrotem za firanką frontowego okna. Była spowita od stóp do głów w białą suknię ślubną z organdyny, z aplikacjami, jej szyję zdobił pojedynczy sznur pereł, stopy zaś miała wsunięte w różowe satynowe kapcie.

Tego ranka rozpuszczała też włosy. Rozluźniała kok, wyjmując spinkę za spinką, dopóki srebrne jedwabiste kosmyki nie spłynęły nieskrępowanie, okalając jej twarz, która prezentowała eksplozję kolorów położonych na starym, wyblakłym płótnie: perłowy, opalizujący róż na ustach, karmazynowe cienie na całej powierzchni powiek i jaskrawoczerwone policzki.

Czekała na mnie w salonie, a kiedy uporałam się z robotą, maszerowałam prosto w kierunku starego patefonu, sięgałam do torby i wyjmowałam z niej nasz nowy skarb – nieco porysowaną, lecz ciągle jeszcze używalną płytę *Największe przeboje Elvisa*, o którą walczyłam jak lwica i wreszcie kupiłam na jakiejś wyprzedaży. Potem podchodziłam do pani Avadesian, ujmowałam jej drobną dłoń, kłaniałam się i prowadziłam na parkiet. Po jakichś dwóch ruchach Elvis dołączał do nas ze stojącego w rogu patefonu i cała nasza trójka szalała na całego.

Elvis wyśpiewywał o swojej „płomiennej miłości", a pani Avadesian w białej sukni powiewającej wściekle na wszystkie strony tańczyła, aż jej różowe, satynowe kapcie krzesały iskry z dywanu.

Dosłownie roznosiło nas na wszystkie strony: pokrzykiwałyśmy, wyłyśmy i podskakiwałyśmy. Kiedy myślałyśmy, że nie damy już rady ani minuty dłużej, Elvis zmieniał rytm piosenką *Jailhouse Rock*. Był nie do zdarcia. Doprowadzał nas do granic wytrzymałości i wtedy błagałyśmy, żeby nie był taki okrutny i zlitował się nad nami.

W wielkim finale śpiewał dla nas serenadę i przysięgał nam wieczną miłość i oddanie. Wtedy właśnie brałam panią Avadesian w ramiona i walcowałam z nią po całym parkiecie. Prowadziłyśmy na zmianę, podczas gdy nasz idol zawodził *Love Me Tender*.

I naprawdę tak właśnie nas kochał. Przez wszystkie środowe poranki, dopóki pani Avadesian nie odeszła.

Joy Curci

Święta krowa

W 1978 roku mój samochód wymagał naprawy, której, niestety, nie mogłem wykonać samodzielnie. Ponieważ warsztat, do którego zawsze oddawałem swój wóz, został zlikwidowany, stanąłem przed niewesołą koniecznością znalezienia dobrego, uczciwego mechanika. Martwiłem się, zważywszy na być może niezasłużoną reputację mechaników samochodowych jako znanych brakorobów. Na szczęście mój przyjaciel Dave zarekomendował mi D's Auto Repair.

Byłem bardzo mile zaskoczony, kiedy okazało się, że właścicielem warsztatu jest mechanik, który naprawiał mi samochód kilka lat wcześniej. W tamtych czasach pracował na stacji benzynowej w pobliżu mojego domu. Nigdy jeszcze nie zamieniłem z nim więcej niż kilka słów, wiedziałem jednak, że pracował bez zarzutu.

Wypełniłem papiery konieczne do zgłoszenia naprawy i czekałem, podczas gdy D odbierał telefon od innego klienta. Z braku innego zajęcia rozejrzałem się po niewielkim biurze. Moją uwagę przyciągnął oprawiony w ramkę artykuł z gazety. *Okoliczny hodowca krów zabija całe stado*, głosił tytuł. Artykuł opisywał hodowcę krów, którego rodzina zajmowała się tym od pięciu pokoleń, i to, co zrobił kilka lat temu, gdy w Michigan wybuchła panika dotycząca zakażonego mleka. Tak się złożyło, że krowy zachorowały na jakąś zarazę, która miała wpływ na mleko. Sytuacja stała się tak poważna, że władze stanowe poleciły przebadać wszystkie krowy w całym stanie. Wtedy to zaprotestowało lobby mleczarskie i nakaz stanowy został powstrzymany. Wyglądało na to, że sprawa będzie się ciągnąć miesiącami, zanim dylemat zostanie jakoś rozwiązany. Hodowcy mogli nadal sprzedawać mleko i wołowinę.

Opisywany farmer zdecydował, że tak być nie może, i wybrał inne rozwiązanie. Zapłacił za przebadanie wszystkich swoich krów. Okazało się, że w całym stadzie chorobą zaraziło się jedynie kilka sztuk. Ponieważ nikt jednak nie mógł zagwarantować, że i pozostałe krowy nie złapią zarazy, hodowca zlikwidował stado i zakopał w taki sposób, by nie zaszkodzić środowisku ani wodom gruntowym. Jego firma ubezpieczeniowa nie pokryła strat, gdyż nie wykonał tego na oficjalne polecenie władz stanowych. Zapytany o powody swojej decyzji, farmer odpowiedział: „Ponieważ to właśnie należało uczynić".

Zapytałem mechanika, dlaczego powiesił na ścianie właśnie ten artykuł. Pomyślałem, że farmer był może jego krewnym czy znajomym. Odpowiedział mi, że nigdy nie spotkał tego człowieka, jednak został przez niego zainspirowany w kwestii zaufania i uczciwości. Na takich właśnie zasadach starał się prowadzić swój interes i bardzo by chciał, żeby ludzie oceniali go tak, jak owego farmera.

I hodowca bydła, i ów mechanik zrobili na mnie ogromne wrażenie. Następnego roku za moją namową mój syn rozpoczął dziewięciomiesięczną praktykę w D's Auto Repair. Pragnąłem, żeby się tam uczył nie tylko dlatego, iż właściciel warsztatu jest dobrym mechanikiem, lecz przede wszystkim z tego powodu, że jest uczciwym, rzetelnym człowiekiem. Daj Boże, żeby ludzie i mnie tak kiedyś ocenili.

Dennis J. McCauley
nadesłał Charmian Anderson

Lekcja za milion dolarów

Każda praca, która wznosi ludzkość na wyższy poziom, posiada godność i znaczenie, dlatego powinna być wykonywana z największą dokładnością.

Martin Luther King

Poleciałem do Dallas tylko w celu dotarcia do jednego klienta. Zależało mi na czasie, więc planowałem, że szybko obrócę do niego z lotniska i z powrotem. W mig podjechała do mnie nieskazitelnie lśniąca taksówka. Kierowca wybiegł, żeby otworzyć przede mną drzwi, i upewnił się, że usiadłem wygodnie, zanim je zatrzasnął. Kiedy zajmował miejsce za kierownicą, nadmienił, że starannie złożone wydanie „Wall Street Journal" leżące obok mnie na siedzeniu jest do mojego użytku. Potem wskazał mi kilka kaset i spytał, jaka muzyka sprawiłaby mi największą przyjemność. Cóż! Rozejrzałem się, by upewnić się, czy nie biorę właśnie udziału w programie *Ukryta kamera*. Czy nie zareagowalibyście podobnie? Nie mogłem uwierzyć w to, że jestem aż tak wspaniale obsługiwany.

– Widać, że jest pan dumny z wykonywanej przez siebie pracy – zwróciłem się do kierowcy. – Pewnie ma pan ciekawy życiorys.

Tak właśnie było.

– Kiedyś pracowałem dla Corporate America – zaczął. – Zmęczyła mnie jednak świadomość, że choćbym nie wiem, jak się starał, nigdy nie będę wystarczająco dobry, szybki i doceniany. Podjąłem więc decyzję, że znajdę sobie w życiu takie miejsce, w którym będę mógł odczuwać dumę z powodu tego, co robię. Zdawałem sobie sprawę, że nigdy nie zostanę naukowcem konstruującym rakiety kosmiczne, ale uwielbiam prowadzić wóz, służyć ludziom i pod koniec dnia czuć satysfakcję z dobrze wykonanej pracy.

Po przeanalizowaniu własnych walorów postanowił zostać taksówkarzem.

– Nie jakimś tam zwykłym kierowcą, ale zawodowym taksówkarzem – kontynuował. – Jedno wiem na pewno: żeby być dobrym w swoim zawodzie, musiałbym po prostu spełniać oczekiwania pasażerów. Ale żeby być doskonałym taksówkarzem, muszę dawać im więcej, niż oczekują. Słowo „doskonały" brzmi dla mnie o wiele lepiej niż zadowalanie się przeciętnością.

Czy dałem mu naprawdę duży napiwek? Jeszcze się pytacie? Strata dla Corporate America okazała się prawdziwym zyskiem dla podróżnych!

Petey Parker

Jak zatrzymać klientów... nawet, gdy to boli

Jedynie ci, którzy zaryzykują pójście za daleko, mają możliwość sprawdzenia, jak daleko można dojść.

T. S. Eliot

W dobrze prowadzonym interesie nie ma rzeczy ważniejszej niż zadowoleni klienci. Usatysfakcjonowany klient pozostanie ci wierny i poleci cię wszystkim swoim przyjaciołom. Na dodatek utrzymanie obecnego klienta kosztuje cię jedynie ułamek tego, co będziesz musiał zainwestować, usiłując zastąpić nowym klientem tego, który odszedł niezadowolony. Jedynym i najpoważniejszym powodem rezygnacji klientów jest niedotrzymywanie obietnic. Główna zasada dotycząca utrzymania klienta brzmi: „Kiedy coś obiecujesz czarno na białym lub tylko przez jakąś sugestię, zrób wszystko, by obietnicy dotrzymać, bez względu na koszty".

Znajdowałem się właśnie w swoim domu w Columbus w Ohio i spałem jak suseł. O drugiej w nocy obudził mnie dzwonek telefonu i w słuchawce usłyszałem głos jednego z klientów. Okazało się, że tego samego ranka o dziewiątej miałem przeprowadzić prezentację w Marco Island na Florydzie i poinformowałem już wcześniej organizatorów, że przyjadę poprzedniego wieczoru. Ogarnęła mnie panika. Nie wiadomo, dlaczego wydawało mi się, że mam tam jechać dopiero za dwa dni. Jak to się mogło stać? W tamtej chwili nie miało to już znaczenia. Podstawowym problemem była prelekcja, którą musiałem przygotować w siedem godzin, poza tym znajdowałem się tysiąc mil od miejsca przeznaczenia i nie widziałem żadnego racjonalnego sposobu dostania się tam.

Jak szalony zacząłem przeglądać żółte strony w poszukiwaniu samolotów czarterowych. Zadzwoniłem do sześciu czy siedmiu miejsc, ale nikt nie podnosił słuchawki o drugiej w nocy. Wreszcie ktoś odpowiedział. Było to powietrzne pogotowie ratunkowe. Mężczyzna po drugiej stronie słuchawki zapytał, co się stało. Poinformowałem go, że jeśli o siódmej rano nie znajdę się na Marco Island, mój klient mnie zabije. Spytałem, czy mogliby mi pomóc. W odpowiedzi zapytano tylko, czy posiadam kartę American Express. Podałem im numer karty i od razu zapewnili mnie, że nie ma problemu. Ich samolot miał mnie dowieźć na miejsce przeznaczenia do siódmej rano.

Zadzwoniłem do klienta i powiedziałem, że na własny koszt wynająłem samolot, którym przylecę na miejsce o siódmej. W odpowiedzi usłyszałem westchnienie ulgi oraz zapewnienie, że na lotnisku będzie na mnie czekał samochód z kierowcą. Około trzeciej nad ranem pognałem do biura po swoje rzeczy, zgarnąłem pod pachę dwulitrową butelkę wody mineralnej i pobiegłem na spotkanie ze swoim helikopterem. Oczekując na jego przybycie, wypiłem całą wodę.

Po czterdziestu minutach lotu dwa litry wody były gotowe na opuszczenie mojego organizmu. Wtedy to odkryłem, że samolot wyposażony niemal we wszystko, włączając w to dyplomowaną pielęgniarkę Sandy, nie posiada ubikacji... a ja nie byłem w stanie wytrzymać jeszcze dziewięćdziesięciu minut. Nie było tam też kaczek, butelek czy jakichś innych pojemników, które mogłyby wybawić mnie z opresji. Sandy znalazła rozwiązanie: cewnikowanie. O nie, nic z tych rzeczy! Zapytałem pilotów, jak radzą sobie podczas długiego lotu. Jeden z nich sięgnął do skórzanej torby, wyjął plastykowe pudełko na kanapki z wciskanym zamknięciem, wysypał z niego marchewki i wręczył mi je.

Samolot wylądował parę minut przed ósmą. Zanim zdążyłem wysiąść, pilot zapytał, ile czasu zamierzam tu zabawić. Prelekcja miała potrwać czterdzieści pięć minut, no i trzeba było doliczyć jeszcze czas na podpisywanie książki. Powinienem być z powrotem około południa.

– Świetnie – rzucił. – Poczekamy.

No i co wy na to? Podróż powrotna nie kosztowała mnie ani grosza.

Podstawiona limuzyna zawiozła mnie do hotelu, gdzie miałem jeszcze mnóstwo czasu na odświeżenie się i wszelkie inne przygotowania. Potem wygłosiłem jedną z najlepszych prelekcji swego życia. Wszystko było na swoim miejscu i poszło jak z płatka.

Mój klient był pod wrażeniem, że zrobiłem wszystko, by dotrzymać zobowiązania bez względu na koszty. A, prawda... koszty. Wynosiły równe siedem tysięcy dolarów. Potem, żeby posypać solą moją ranę, dodano jeszcze dziesięcioprocentowy podatek, z uwagi na to, że wykupiłem bilet pasażerski. Gdybym pozwolił Sandy na cewnikowanie, zamieniłbym swój status na status pacjenta i zaoszczędził siedemset dolarów! Nieczęsto zdarza się, by ktoś pokonywał taki odcinek powietrznym ambulansem.

Z pewnością nie zapomnę szybko tej przygody, a już szczególnie rachunku. Jednak klient był zachwycony i dzięki niemu otrzymałem mnóstwo innych zleceń oraz wspaniałą opinię – nie mówiąc o niezłej anegdocie, którą mogłem ozdabiać przyszłe przemówienia. Stawianie potrzeb klienta na głównym miejscu zawsze się opłaca... nawet, gdy trochę kosztuje.

Jeff Slutsky

Więcej, niż oczekujesz

Oto prosta, lecz wszechmocna zasada: zawsze ofiarowujcie ludziom więcej, niż spodziewają się otrzymać.

Nelson Boswell

Zdaje się, że firma handlująca samochodami w moim rodzinnym mieście Albuquerque sprzedawała średnio sześć do ośmiu nowych wozów dziennie i to przez sześć dni w tygodniu. Mówiło się też, że siedemdziesiąt dwa procent klientów, którzy trafiali tam po raz pierwszy, pojawiało się z drugą wizytą. (W owym czasie średnia klientów pojawiających się po raz drugi dla wszystkich firm handlujących samochodami w Albuquerque wynosiła osiem procent.)

Byłem naprawdę zaintrygowany. Jak oni to robią, że siedemdziesiąt dwa procent klientów przychodzi do nich ponownie? I w jaki sposób udaje im się sprzedać sześć do ośmiu wozów dziennie, kiedy wiadomo, że rynek motoryzacyjny cierpi na zastój?

Kiedy wszedłem do Saturna w tamten piątek, cztery lata temu, tamtejszy personel nie znał mnie przecież od wieków, mimo to udzielono mi informacji na temat polityki cenowej, marży nakładanej na każdy model oraz płac personelu. Dano mi nawet do przeglądu informator szkoleniowy i zaproszono na sobotę, jeśli chciałbym otrzymać więcej informacji (z czego zresztą skwapliwie skorzystałem).

Dowiedziałem się, że ów sklep (podobnie jak wszystkie sklepy Saturna) kieruje się następującą zasadą: cena naklejona na szybie jest tą, którą klient płaci za samochód. Kropka. Nie można się targować nawet o darmowe wycieraczki podłogowe. Saturn zawsze wyznaje politykę sprzedawania wozów wysokiej jakości za rozsądną cenę.

Ponadto konsultanci do spraw sprzedaży Saturna (ich własne określenie pracowników do kontaktów z klientami) nie są opłacani na akord, lecz otrzymują stałe pensje. Oznacza to tyle, że kiedy wchodzi się do salonu, człowieka nie opada zaraz sfora „nadgorliwych" sprzedawców.

Swoje badania rozszerzyłem później na pozostałe sklepy w moim mieście. Okazało się, że Ford Escort, LTD, Thunderbirds oraz Mercury Marquis również są sprzedawane po stałej cenie. Jak stwierdził Bruce Sutherland z Richardson Ford:

– Tracimy nasz rynek na rzecz Saturna z powodu ich polityki cenowej i płacowej. Gdybyśmy wszyscy postępowali tak jak oni, nie tylko nieźle byśmy zarabiali, ale cieszylibyśmy się też lepszą reputacją.

W niedzielę, na drugi dzień po mojej kolejnej wizycie w sklepie Saturna (to ich określenie, nie moje), oboje z żoną Jane wyszliśmy na spacer, co zresztą często czynimy. Tego czerwcowego poranka Jane delikatnie wsunęła swoją dłoń w moją i powiedziała cicho:

– Nie wiem, czy pamiętasz, że dziś mija pięć lat, odkąd pozbyłam się raka.

Pięć lat temu wykryto u niej raka piersi i poddano operacji. Zatkało mnie, częściowo dlatego, że było mi głupio, iż o tym zapomniałem, a częściowo z tego powodu, że... cóż, wygląda na to, że przez całe życie w pocie czoła zarabiamy pieniądze, po czym nawet na chwilę nie zatrzymujemy się, żeby z nich skorzystać. A czy nie do tego właśnie służą?

Nie miałem pojęcia, jak zareagować na słowa Jane. Przez cały dzień przemawiałem do niej bardzo czule. Zaprosiłem ją na lunch. Spędziliśmy przyjemny dzień tylko we dwoje.

Następnego dnia Jane poszła do pracy. Wciąż nie wiedząc, co począć, aby w jakiś sposób podkreślić tak wyjątkową okazję, zrobiłem najbardziej brawurową rzecz w całym swoim życiu: kupiłem nowego Saturna. Do samochodu dodałem wszystkie możliwe akcesoria, jakie produkują w Springhill w Tennessee. Niczego nie zabrakło. Nie wybrałem tylko modelu i koloru, jednak zapłaciłem gotówką i poinformowałem ich, że w środę o czwartej trzydzieści przyjadę tu z Jane, która podejmie decyzję w obydwu kwestiach. Wyznałem im też, dlaczego kupuję ten wóz.

We wtorek rano oświeciło mnie, że przecież Jane zawsze marzyła o białym samochodzie. Zadzwoniłem do konsultanta sprzedaży w Saturnie i zapytałem, czy mają jakieś białe wozy. Odpowiedział, że istotnie jeden taki mają, nie był jednak w stanie zagwarantować, że zastaniemy go w środę o czwartej trzydzieści, ponieważ idą jak woda. Zdecydowałem, że zaryzykuję, i poprosiłem o wystawienie go w salonie.

Środa upłynęła nam na czymś zupełnie innym. Nieoczekiwanie ktoś z rodziny znalazł się w szpitalu, tak więc byłem w stanie wyciągnąć Jane z domu dopiero w sobotę o wpół do dziesiątej i to za pomocą największego z możliwych kłamstw. Podjechaliśmy pod sklep Saturna i prędko skręciłem na parking.

– Co robisz? – zapytała gniewnie Jane. – Obiecałeś, że zaraz pojedziemy do domu.

– Przepraszam, zapomniałem, że muszę stąd coś odebrać przed prelekcją, którą mam w przyszłym tygodniu – odpowiedziałem.

Jane nigdy wcześniej nie była w sklepie Saturna. Kiedy przeszliśmy przez drzwi, dosłownie ją zatkało. Od razu zauważyła mały, biały model Saturna na tyłach salonu. Prędko minęła morze różnokolorowych wozów, wsiadła do białego i powiedziała:

– Co za śliczny samochodzik. Może mogłabym kupić sobie nowy?

– Nie – odpowiedziałem. – Przynajmniej dopóki Charlie nie skończy studiów.

Nasz syn Charlie studiował na University of New South Wales w Sydney w Australii (nazywamy to rodzinnym stypendium „zagranicznym").

– Mam już po dziurki w nosie tego starego dodge'a i chcę nowy wóz.

– Obiecuję, że jeszcze trzy semestry i będziesz go miała – oponowałem.

Następnie Jane podeszła do maski samochodu. Kiedy na nią spojrzała, wydała z siebie najbardziej mrożący krew w żyłach i przeszywający uszy krzyk, jaki słyszałem przez dwadzieścia dziewięć lat naszego małżeństwa.

Zanim wyjawię wam, dlaczego tak krzyknęła, pozwólcie, że powiem, co uczynił nasz konsultant do spraw sprzedaży. Zamówił wielki, profesjonalnie wykonany napis (białe litery wygrawerowane na niebieskim tle) i dołączył do niego firmowy znak Saturna, po czym umieścił go na masce białego samochodu. Napis głosił:

Gratulacje, Jane. Ten wóz należy do ciebie. Pięć lat bez raka. Cieszmy się życiem. Od Milta, Billy'ego i zespołu Saturna.

Wszyscy pracownicy Saturna z Albuquerque podpisali się na odwrocie. Jane zobaczyła to, krzyknęła z radości i rzuciła mi się na szyję. Nie wiedziałem, co począć. W moich oczach stanęły łzy. Wyjąłem fakturę z poniedziałku, rozwinąłem ją i wskazując na biały wóz, stwierdziłem:

– Niestety, kochanie, ten samochód nie należy do ciebie. Kupiłem ci t e n – uderzyłem palcem w fakturę.

– Nie, chcę ten i koniec – upierała się Jane.

Charlie, który był wtedy razem z nami, powiedział:

– Nie, mamo. Tata kupił ci wszystko, co można dostać w Springhill.

– Nie rozumiecie, że chcę tylko ten wóz? – ciągnęła Jane.

Podczas całej tej dyskusji rozejrzałem się dookoła i zauważyłem, że w sklepie nie było żywej duszy. Nasz konsultant postarał się, abyśmy w takiej chwili mogli być sami. Mechanicy, urzędnicy i recepcjonistka z okienka, a także menedżerowie i wszyscy konsultanci opuścili sklep z okazji naszego święta.

Mimo to trudno o prywatność, jeżeli tyle osób stoi przed oknami salonu i zagląda do środka. Kiedy Jane krzyknęła i rzuciła mi się w ramiona, wszyscy zgromadzeni na zewnątrz zaczęli klaskać i ronić łzy. Klientów, którzy pojawili się w tym momencie, chwilowo nie wpuszczono do środka, zamiast tego personel brał ich na stronę i wyjaśniał, co się dzieje.

Jane wróciła do domu swoim nowym samochodem.

Od wielu lat opowiadam tę historię w Stanach Zjednoczonych, Australii i Indonezji jako przykład doskonałej obsługi. Pewna kobieta z Anchorage na Alasce, słuchając jej w San Francisco, zamówiła rozmowę międzymiastową z Saturnem w Albuquerque i kupiła u nich nowy wóz. Jest dokładnie tak, jak twierdzi Ken Blanchard: „To tylko opowieści krążące na nasz temat wyróżniają nas na rynku".

Milt Garrett
nadesłał Ken Blanchard

5

Idźcie za głosem serca

Waszą pracą jest odkrycie, na czym polega wasza praca, i oddanie się temu całym sercem.

Budda

Jasne wspomnienia na przyszłość

Nie mam pojęcia, jakie jest wasze przeznaczenie, ale wiem jedno: jedynie ci spośród was, którzy nauczą się służyć, będą naprawdę szczęśliwi.

Albert Schweitzer

Ludzie, którzy znają mnie od dawna, nie chcą wierzyć, że pracuję w domu opieki. Z pewnością jeszcze trudniej byłoby im uwierzyć w to, iż tak bardzo kocham swoją pracę.

Nie chcą pozwolić mi zapomnieć okresu, kiedy nasza szkółka niedzielna raz w tygodniu dyżurowała właśnie w takiej instytucji. Zawsze byłam ostatnią osobą spośród tych, którzy zgłaszali się na ochotnika. Ci, którzy znają mnie jeszcze dłużej, pamiętają, jak mało cierpliwości wykazywałam w kontaktach z pewną starszą sąsiadką. Należałam do osób, które określały wszystkich starszych ludzi jako „nudnych".

Działo się to, jeszcze zanim poznałam pannę Lilly. Panna Lilly wiele zmieniła w moim życiu. Od czasu gdy ją spotkałam, nigdy już nie będę miała dawnego spojrzenia na ludzi starych, na domy opieki, a nawet w ogóle na życie.

O pobliskim domu starców słyszałam zawsze mnóstwo negatywnych opinii i przyznaję, że ubiegałam się o pracę tam, ponieważ znajdował się tak blisko mojego domu – poza tym myślałam sobie, że zawsze mogę to rzucić. Kiedy się tam zgłosiłam, sekretarka powiedziała, że potrzebują opiekunki.

– Czy posiada pani stosowne papiery? – zapytała.

– Jeszcze nie – odpowiedziałam, zastanawiając się, o co jej chodzi.

Z podaniem w ręku skierowano mnie do zalanej słońcem sali. Usiadłam za stołem, twarzą w twarz z kilkunastoma starszymi kobietami. Były właśnie w trakcie jakichś zajęć prowadzonych przez kobietę bez cienia uśmiechu na twarzy odzianą w czarne spodnie i jakąś workowatą, burą bluzkę. Mówiła coś monotonnym głosem i przejawiała mniej więcej tyle entuzjazmu, ile mógł z siebie wykrzesać kat podczas własnej egzekucji. Zastanawiałam się, jaką właściwie pracę wykonuje. Gdy już miałam wpisać słowo „opiekunka" w kratkę oznaczającą w podaniu „stanowisko, o które się ubiegasz", zaczęła czytać na głos jakiś list, który zaczynał się od słów: „Droga terapeutko zajęciowa..." A więc tak się nazywało jej stanowisko. Natychmiast wpisałam to określenie w rubrykę. Wiedziałam, że potrafię to robić znacznie lepiej niż ta ponuraczka. Potrafiłam się śmiać, moja garderoba zaś zawierała mnóstwo ubrań w jasnych barwach.

Jako osoba bezrobotna popadłam w zły nawyk sypiania do późna. Któregoś dnia o ósmej rano zbudził mnie przerażająco głośny dzwonek telefonu. Kobieta w słuchawce sprawiała wrażenie serdecznej i pewnej siebie.

– Mam właśnie przed oczami pani podanie o pracę w charakterze terapeutki zajęciowej – powiedziała. – Tak się akurat składa, że nosimy się z zamiarem otwarcia nowego oddziału. Jakie kwalifikacje pani posiada?

Usiłując ze wszystkich sił ukryć zaspanie, odpowiedziałam, że kiedyś uczyłam w szkole. Nie dodałam już, że była to szkoła podstawowa i to dwadzieścia lat temu.

– Kiedy może się pani stawić?

Usiadłam na łóżku.

– Za godzinę. Mogę być już za godzinę.

Od tamtego dnia zmieniło się całe moje życie. Teraz nie należy ono już tylko do mnie. Przez całe dnie moje myśli krążą wokół pensjonariuszy. Czy z Billym wszystko w porządku? Jak się czuje pan W.? Czy Janie wróci dzisiaj ze szpitala?

Pensjonariusze wypełniają moje myśli i serce – te samotne, kruche istoty, z których każda ma swoją opowieść oraz wiele miłości do ofiarowania. Jeszcze nie spotkałam tu kogoś, kto byłby „nudny".

Moją pierwszą miłością była panna Lilly, samotna kobieta, która poza jedną krewną nie miała żadnej innej rodziny. Nie prezentowała, niestety, zbyt pięknego widoku. Miała szerokie ramiona, wielkie dłonie i stopy i była mocno pochylona. Całe dnie spędzała w niebieskim fotelu. Ciągle się śliniła, a jej rozwarte usta odsłaniały kilka pożółkłych, połamanych zębów osadzonych w krwistoczerwonych dziąsłach. W jej rzadkich, stalowosiwych włosach zagnieździły się dwa bliźniacze przedziałki, dzięki którym kosmyki sterczały we wszystkich możliwych kierunkach. Co gorsza, panna Lilly nigdy się nie odzywała.

Kilka razy miałam okazję oglądać jej siostrzenicę, która była jej jedyną krewną. Każda wizyta wyglądała tak samo. Stojąc w odległości kilku stóp od niebieskiego fotela, kobieta mówiła: „Twój czek już nadszedł, a rachunki zapłacone". Nigdy nie powiedziała nic bardziej osobistego, nie przytuliła jej ani nie obdarzyła żadną inną oznaką czułości.

Czy trudno się więc dziwić, że panna Lilly wycofała się ze świata, który musiał się jej wydawać tak okrutny i bezwzględny? Mijały miesiące, a staruszka zdawała się kurczyć i maleć w swoim fotelu. W sposób niezwykle widoczny podupadała na zdrowiu. Zostawałam coraz dłużej w jej pokoju. Odkryłam, że nie potrafi już sama porządnie jeść, więc zrezygnowałam z własnej godziny lunchu, żeby ją karmić. Widząc, jak przepada za galaretką i budyniem, przynosiłam jej dodatkowe porcje. Nieustannie do niej mówiłam – o pogodzie, bieżących wydarzeniach i o wszystkim, co przyszło mi na myśl. Czasami po prostu siedziałam obok i trzymałam ją za rękę. Pewnego dnia, ku memu zdumieniu odezwała się.

– Pochyl się – powiedziała.

Prędko przy niej uklękłam.

– Obejmij mnie i udawaj, że mnie kochasz – wyszeptała.

Ja miałam udawać, że kocham pannę Lilly! Nawet by mi to do głowy nie przyszło. Przygarnęłam ją do siebie i poczułam, że serce niemal mi pęka z miłości.

Od tamtych dni w moim życiu gościło wielu ludzi podobnych do panny Lilly i wiem też, że pojawią się następni. Ci, którym trzeba czegoś więcej niż uprzejmości i opieki, potrzebują bowiem kawałka twojego serca. Kocham każdy dzień swojej pracy, ponieważ dzielę z mieszkańcami domu opieki swoje życie, wnuki, radości i smutki. Oni zaś dzielą się ze mną własną przeszłością, obawami związanymi z przyszłością, rodzinami, ale przede wszystkim miłością.

W mojej garderobie leży prawdziwa tęcza barw. Przebierałam się już za wszystko, od klauna po wielkanocnego zajączka. W uszach kołysały mi się różowe flamingi i nakrapiane pstrągi. Staruszkowie uwielbiają takie rzeczy.

Obecnie określam domy opieki jako wesołe miasteczka dla osób w podeszłym wieku. Są to cudowne, pełne troski miejsca, w których dowcipni, lubiący się bawić seniorzy z radością przyjmują towarzystwo innych.

Moja misja polega na tym, by z każdego dnia ich życia uczynić jasne wspomnienie na przyszłość. Uwielbiamy wspólnie śpiewać, śmiać się i grać w różne gry, jakby dzień dzisiejszy był jedynym, jaki posiadamy. Czasem tak właśnie jest. Te wersety napisałam krótko po śmierci panny Lilly:

Dotknęłam jej dłoni i wyrzekłam jej imię,
a jej zmęczone oczy rozwarły się szeroko.
Spojrzałam w ich głębię i dostrzegłam
samotność skrytą głęboko.
Jej kruchą rękę skryłam w swojej,
by ciepłem się nasyciła.
Miłość, którą wlała w me serce,
już zawsze będę dzieliła.

Joyce Ayer Brown

Powiedziałam „tak”

Jestem tylko jednostką, mimo to jestem aż jednostką. Nie mogę zrobić wszystkiego, mimo to coś na pewno mogę uczynić. Nie odmówię więc uczynienia tego czegoś, co zrobić mogę.

Helen Keller

Był zwyczajny wiosenny dzień roku 1950. Poproszono mnie o przybycie na spotkanie z dyrektorem szkoły medycznej, gdzie pracowałam jako lekarz ogólny. Dyrektor nie wyjaśnił mi, w jakim celu mam się u niego stawić, kiedy zaś weszłam do jego gabinetu, ze zdziwieniem spostrzegłam, że siedzi tam pięć par małżeńskich. Usiadłam i zastanawiałam się, co właściwie łączy tych ludzi.

Okazało się, że wszyscy mieli ten sam problem: byli rodzicami dzieci opóźnionych w rozwoju i w całym wielkim Nowym Jorku nie mogli znaleźć odpowiedniego miejsca, w którym mogliby przeprowadzić rehabilitację dzieci ukierunkowaną na ich specyficzne potrzeby.

Kiedy opowiedzieli mi swoje historie, byłam zaszokowana, słysząc, jak źle ich traktowano, błędnie doradzano i poniżano jedynie z tego powodu, że ich dzieci były opóźnione i „nie zasługiwały” na traktowanie podobne do tego, jakie otrzymują inni chorzy ludzie. Odesłano ich z kwitkiem ze wszystkich innych szpitali. Ich prośba była bardzo prosta: prosili o to, by klinika zajęła się specyficznymi problemami dzieci opóźnionych w rozwoju.

Ich opowieści głęboko mnie poruszyły i sprawiły, że poczułam się zawstydzona podejściem wielu moich kolegów po fachu. Już wkrótce usłyszałam, jak mówię, że zorganizuję klinikę dla owych dzieci i ich rodziców, gdzie na razie będą mogli się konsultować raz w tygodniu.

W najmniejszym stopniu nie zdawałam sobie wtedy sprawy z tego, że ta decyzja będzie dla mnie początkiem nowego życia. Już wkrótce zostałam szefową pierwszej i jedynej na świecie placówki tego typu, której celem było zaspokajanie fizycznych potrzeb dzieci umysłowo chorych. Coraz więcej rodziców i dzieci wychodziło z ukrycia, poszukując pomocy. Miałam pełne ręce roboty, usiłując przyjąć wszystkich w ciągu jednego przedpołudnia w tygodniu. Co powinnam uczynić? Przez jakiś czas męczyłam się nad decyzją, czy powinnam poświęcić takiej misji całe moje życie zawodowe, czy też wycofać się z niej. Nie trzeba chyba dodawać, że postanowiłam poświęcić się służbie tym osamotnionym ludziom.

Nieoczekiwane wiosenne spotkanie z pięcioma małżeństwami doprowadziło do tego, że stałam się rzeczniczką ich spraw, szefową kliniki, badaczką, administratorką i autorką polityki swojego szpitala. Pary te założyły Krajowe Stowarzyszenie Upośledzonych Obywateli. Prezydent Stanów Zjednoczonych Jimmy Carter ogłosił mnie pierwszą dyrektorką Narodowego Instytutu Badań nad Upośledzonymi.

Stanęłam w obliczu wezwania, by sięgnąć głęboko do własnych zasobów i uczynić coś dla polepszenia życia wielu ludzi. Powiedziałam temu wezwaniu „tak"... i odkryłam, że moje życie to misja.

Margaret J. Giannini

Po prostu piszę

Jest cały ogrom witalności, siły życiowej, energii i impetu, które poprzez ciebie przekładają się na działanie, a ponieważ na całej przestrzeni czasu była tylko jedna taka osoba jak ty, działanie to ma jedyny w swoim rodzaju wyraz.

Martha Graham

Kiedy miałam piętnaście lat, na lekcji angielskiego oznajmiłam, że mam zamiar pisać i ilustrować własne książki. Połowa klasy rzuciła mi pogardliwe spojrzenia, druga połowa zaś prawie pospadała z krzeseł ze śmiechu.

– Nie wygłupiaj się. Tylko geniusze mogą zostać pisarzami – powiedziała autorytatywnie nauczycielka. – A ty w tym semestrze będziesz miała tróję.

Czułam się upokorzona do tego stopnia, że wybuchnęłam płaczem. Tego samego wieczoru napisałam krótki, smutny wiersz o podeptanych marzeniach i wysłałam go do gazety „Capper's Weekly". Nie posiadałam się ze zdumienia, gdy okazało się, że został wydrukowany, mnie zaś przesłano honorarium w wysokości dwóch dolarów. Byłam pisarką, która publikowała i jeszcze otrzymywała za to pieniądze! Pochwaliłam się nauczycielce i klasie. Tylko się śmiali.

– Po prostu zwyczajne, głupie szczęście – skwitowano.

Ale ja zasmakowałam już sukcesu. Sprzedałam przecież pierwszą rzecz, którą kiedykolwiek napisałam. Było to znacznie więcej, niż którekolwiek z nich kiedykolwiek uczyniło, i jeżeli sprawiło to jedynie „zwyczajne, głupie szczęście", to nie miałam nic przeciwko temu.

W ciągu następnych dwóch lat sprzedałam mnóstwo wierszy, listów, dowcipów i przepisów. Zanim ukończyłam szkołę średnią (ze średnią cztery minus), posiadałam już w domu całe albumy z własnymi opublikowanymi utworami. Nigdy więcej nie pochwaliłam się tym nauczycielom, przyjaciołom czy rodzinie. Oni potrafili tylko zabijać marzenia, a jeśli człowiek staje przed wyborem między przyjaciółmi a marzeniami, zawsze powinien wybierać te drugie.

Jednak od czasu do czasu można znaleźć przyjaciela, który wspiera cię w realizacji twoich marzeń.

– Napisanie książki to łatwa rzecz i możesz to zrobić – powiedział mój nowy przyjaciel.

– Nie wiem, czy jestem wystarczająco bystra – odpowiedziałam, nagle czując się tak, jakbym znów miała piętnaście lat i słyszała wokół siebie wybuchy śmiechu.

– Bzdura! – zaoponował. – Każdy może napisać książkę, jeśli tylko zechce.

Wtedy miałam już czworo dzieci, z których najmłodsze miało tylko cztery lata. Mieszkaliśmy na koziej farmie w Oklahomie, na całkowitym pustkowiu. Codziennie musiałam opiekować się dziećmi, doić kozy, gotować, prać i zajmować się ogrodem. Żaden problem.

Kiedy dzieci udawały się na poobiednią drzemkę, pisałam na starej maszynie. Opisywałam to, co czuję. Zabrało mi to dziewięć miesięcy – tyle co donoszenie dziecka.

Na chybił trafił wybrałam wydawcę i włożyłam maszynopis do pustego pudełka po pampersach, ponieważ nie mogłam znaleźć nic bardziej stosownego (nigdy nie słyszałam o specjalnych pudełkach na maszynopisy). Załączony przeze mnie list informował: „Oto napisana przeze mnie książka. Mam nadzieję, że się państwu spodoba. Ilustracje są również mojego autorstwa. Rozdziały szósty i dwunasty należą do moich ulubionych. Dziękuję".

Pudełko po pampersach przewiązałam sznurkiem i wysłałam je bez koperty zwrotnej z własnym adresem, nie wykonawszy kopii maszynopisu. Miesiąc później otrzymałam kontrakt, zaliczkę na poczet honorarium i prośbę, bym zaczęła pracować nad następną książką.

Crying Wind okazał się bestsellerem, przetłumaczono go na piętnaście języków (także Braille'a), po czym świetnie się sprzedawał na całym świecie. Ja sama za dnia występowałam w telewizyjnych talk-show, a w nocy zmieniałam dzieciom pieluchy. Wyjeżdżałam z Nowego Jorku do Kalifornii i Kanady na promocyjne tournée. Do tego moja pierwsza książka znalazła się na obowiązkowej liście lektur w amerykańskich szkołach Kanady.

Napisanie kolejnej książki zajęło mi sześć miesięcy. Wysłałam ją w pudełku po grze *Uncle Wiggley* (nadal nic nie wiedziałam o istnieniu pudełek na maszynopisy). *My Searching Heart* również stała się bestsellerem. Następną powieść, *When I Give My Heart,* napisałam w trzy tygodnie.

Najgorszym rokiem w mojej pisarskiej karierze był ten, w którym zarobiłam dwa dolary (miałam wtedy piętnaście lat, pamiętacie?). Najwyższa zarobiona przeze mnie stawka to trzydzieści sześć tysięcy dolarów. Przeważnie zarabiam jednak coś między pięcioma a dziesięcioma tysiącami dolarów rocznie. Racja, nie można z tego żyć, jednak pracując na pół etatu, nie zarobiłabym więcej, a poza tym jest to przecież o wiele więcej, niż miałabym, gdybym nie pisała wcale.

Ludzie pytają, do jakich szkół chodziłam i czy posiadam stopnie naukowe lub inne kwalifikacje umożliwiające mi pisanie. Odpowiedź brzmi: nie posiadam żadnych. Po prostu piszę. Nie jestem geniuszem, nie mam specjalnego talentu i nie piszę zbyt dobrze. Jestem leniwa, niezdyscyplinowana i spędzam znacznie więcej czasu z dziećmi i przyjaciółmi niż przy maszynie.

Dopiero cztery lata temu kupiłam sobie pierwszy słownik. Przy pracy używam małego słownika Webstera, kupionego za osiemdziesiąt dziewięć centów. Piszę na elektrycznej maszynie kupionej sześć lat temu za sto dwadzieścia dziewięć dolarów. Nigdy nie korzystałam z komputera. Nadal zajmuję się gotowaniem, sprzątaniem i praniem dla sześcioosobowej rodziny i od czasu do czasu na moment siadam do maszyny. Pisuję wszystko ręcznie na żółtych kartkach zwyczajnego notatnika, siedząc na kanapie razem z dziećmi, jedząc pizzę i oglądając telewizję. Kiedy książka jest gotowa, przepisuję ją na maszynie i wysyłam do wydawcy.

Dotychczas napisałam osiem książek, z których opublikowano cztery, trzy leżą nadal u wydawców, a jedna jest do niczego.

Do wszystkich tych, którzy marzą o pisaniu, krzyczę:

– Ależ tak, potraficie to zrobić! Potraficie! Nie słuchajcie ich!

Nie pisuję wiekopomnych dzieł, ale udało mi się zrealizować swoje marzenie. Pisanie to łatwa rzecz i doskonała zabawa, więc każdy może to robić. Rzecz jasna, odrobina zwykłego, głupiego szczęścia też się przydaje.

Linda Stafford

Wiecznie żywe marzenia

Nieustannie miejcie na uwadze fakt, iż wasze dążenia do sukcesu są o wiele ważniejsze niż cokolwiek innego.

Abraham Lincoln

Odkąd sięgam pamięcią, zawsze fascynowało mnie piękno. Jako młoda dziewczyna, otoczona monotonią zbożowych pól w okolicach Indianapolis, wykorzystywałam błyszczący świat mody i kosmetyków jako doskonałą ucieczkę. Za każdym razem, gdy przeglądałam reklamy w pismach kobiecych – cudowne modelki o nieskazitelnej cerze i profesjonalnie wykonanym makijażu, o posągowych ciałach spowitych niewiarygodnie pięknymi kreacjami wielkich projektantów – wyruszałam w egzotyczny świat, który mogłam nawiedzać jedynie w marzeniach.

Reklamy Revlonu wydawały mi się szczególnie piękne. Był tylko jeden problem: żadna z reklam publikowanych w tamtym okresie nie prezentowała kobiety o ciemnej skórze, takiej jak moja. Mimo to gdzieś w głębi serca słyszałam „głos mądrości" mówiący, że któregoś dnia moje marzenie się spełni, a ja rozpocznę karierę w przemyśle kosmetycznym.

W tamtych czasach bardzo niewiele firm zadawało sobie trud sprzedawania kosmetyków dla ciemnoskórych kobiet, jednak dla mnie inspiracją stała się C. J. Walker, pierwsza ciemnoskóra Amerykanka, która została milionerką. Zaczynała w moim rodzinnym mieście od dwóch dolarów i wielkiego marzenia. Na przełomie wieku zgromadziła fortunę, produkując własną linię kosmetyków do pielęgnacji włosów dla kobiet takich jak ona.

Ja sama ukończyłam college z dyplomem w zakresie zdrowia publicznego. Niedługo potem otrzymałam posadę w wiodącej firmie farmaceutycznej, zostając pierwszą kolorową Amerykanką sprzedającą środki farmaceutyczne w Indianie. Ludzie byli zszokowani, że zdecydowałam się na tę pracę, ponieważ nie tak dawno temu ciemnoskóra kobieta sprzedająca w naszej okolicy wydawnictwa encyklopedyczne została zamordowana. Tak naprawdę na początku mojej kariery lekarze, z którymi miałam do czynienia, spoglądali na mnie, jakbym miała dwie głowy.

W końcu jednak moja wyjątkowość zaczęła pracować na moją korzyść. Lekarze i pielęgniarki pamiętali mnie, ja zaś zatarłam pierwsze negatywne odczucia, starając się wykonywać swoją pracę lepiej niż ktokolwiek inny. Oprócz farmaceutyków sprzedawałam ciasteczka pieczone przez harcerki i pomagałam pielęgniarkom w makijażu. Wreszcie zaczęły nawet niecierpliwie wyczekiwać moich odwiedzin, nie tylko dla rozrywki, ale i dlatego, że po prostu dobrze się czułyśmy w swoim towarzystwie.

Po dwóch latach biłam już liczne rekordy sprzedaży i przyznano mi tytuł Wyróżniającego się Akwizytora, włączając mnie do klubu jak dotąd zarezerwowanego wyłącznie dla białych członków. Oczekiwałam więc ciężko zapracowanego czeku z premią, aż tu ni z tego, ni z owego moja firma zdecydowała się na podział regionu, zatrudniając na moje miejsce pewnego przystojnego blondyna. Miał on zbierać owoce mojej ciężkiej pracy, podczas gdy mnie przeniesiono na inny teren, który wymagał dopiero zagospodarowania. W tamtym momencie moje marzenia o kosmetycznej karierze w Revlonie wydawały się odległe o milion mil.

Zniechęcona i pozbawiona złudzeń przeniosłam się do Los Angeles. Aż tu pewnej niedzieli, kiedy tęsknie przerzucałam ogłoszenia w „Los Angeles Times", trafiłam na to, o co mi chodziło: ogłoszenie o pracy na stanowisku menedżera regionu w Revlonie. Rozpromieniłam się i zaraz w poniedziałek rano chwyciłam za słuchawkę. Głos w słuchawce poinformował mnie, że Revlon został już zasypany ofertami i nie przyjmuje więcej podań.

Byłam zdruzgotana, lecz jedna z przyjaciółek powiedziała:

– Marilyn, wiem, że nie pozwolisz na to, żeby taka praca przeszła ci koło nosa. Musisz tam iść mimo to.

Tak zainspirowana i zdeterminowana, by przemienić to wyzwanie w prawdziwą przygodę, pojechałam do Mariotta, gdzie odbywały się rozmowy kwalifikacyjne. Kiedy tam weszłam, urzędniczka poinformowała mnie sucho, że żadnym sposobem nie wejdę na rozmowę, a pan Rick English za żadne skarby nie przyjmie mojego podania. Oddaliłam się z uśmiechem. Przynajmniej znałam już nazwisko człowieka, z którym musiałam się zobaczyć.

Zdecydowałam, że pójdę na lunch i dam sobie szansę posłuchania głosu mądrości, który być może podsunie mi nową strategię. I rzeczywiście – tak się złożyło, że podzieliłam się swoim problemem z kasjerką, kiedy wychodziłam z restauracji, a ona natychmiast sprawdziła, w którym pokoju przyjmuje pan English.

– Pokój pięćset piętnaście – poinformowała mnie.

Serce zabiło mi jak młotem.

Stanęłam przed drzwiami pokoju pięćset piętnaście, zmówiłam modlitwę i zapukałam. Gdy otworzyłam drzwi, powiedziałam:

– Nie spotkał pan dotychczas najlepszego kandydata do tej pracy, ponieważ jeszcze nie rozmawiał pan ze mną.

Mężczyzna spojrzał na mnie zdumiony i stwierdził:

– Zechce pani chwilę poczekać, jak tylko skończę tę rozmowę, przyjmę panią.

Kiedy wchodziłam do pokoju, miałam jasność myśli i niezachwianą pewność, że ta praca naprawdę jest dla mnie, i dostałam ją.

Mój pierwszy dzień w Revlonie wyglądał jak spełniony sen. Zatrudnili mnie, żeby wprowadzić na rynek nową linię kosmetyków do pielęgnacji włosów, produkowaną specjalnie dla ciemnoskórych kobiet. Po trzech latach pracy w firmie stwierdziłam, że klienci zaczynają się domagać coraz bardziej naturalnych i delikatnych kosmetyków.

Jeśli takie właśnie było zapotrzebowanie, to w tym upatrywałam swojej szansy! Raz jeszcze posłuchawszy wewnętrznego głosu mądrości, otworzyłam własną firmę kosmetyczną, która po dziś dzień zapewnia mi trudne do opisania poczucie zawodowego spełnienia.

Święcie wierzę, że nigdy nie powinno się porzucać swoich nadziei i marzeń. Ścieżka może się niekiedy wydawać kamienista i zawiła, lecz świat oczekuje tego szczególnego wkładu, w celu poczynienia którego każdy z nas przychodzi na ten świat. Potrzeba jedynie odwagi w pójściu za radami głosu mądrości będącego naszym wewnętrznym przewodnikiem. Kiedy go słucham, nie oczekuję niczego mniejszego niż prawdziwy cud.

Marilyn Johnson Kondwani

Debbie Fields znajduje właściwy kurs

Jeżeli ktoś napisze lepszą książkę, wygłosi lepsze kazanie czy też skonstruuje lepszą pułapkę na myszy niż jego sąsiad, to nawet gdyby zaszył się w leśnej głuszy, świat i tak wydepcze szeroką ścieżkę do jego drzwi.

Ralph Waldo Emerson

Debbie Fields jest właśnie na przyjęciu razem z mężem, Randym Fieldsem, znanym ekonomistą i prognostykiem. Dziewiętnastoletnia Debbie porzuciła pracę na rzecz konwencjonalnej roli żony i dlatego jej poczucie własnej wartości cierpi niezmiernie. Goście przymilają się do Randy'ego, chcąc z niego wyciągnąć najnowsze prognozy ekonomiczne. Jednak kiedy ci sami ludzie odkrywają, że Debbie jest gospodynią domową, nagle przypominają sobie o nie cierpiących zwłoki rozmowach, które muszą przeprowadzić w przeciwnej części pokoju. Traktują Debbie jak kompletne zero.

Wreszcie gospodarz przyjęcia przypiera Debbie do muru gradem pytań, a ona usiłuje być kimś, kim naprawdę nie jest – osobą wyrafinowaną, światową i błyskotliwą. W końcu on zapytuje zirytowanym tonem:

– A co właściwie zamierza pani zrobić ze swoim życiem?

W tej chwili przypominająca już kłębek nerwów Debbie wyrzuca z siebie:

– Cóż, w tej chwili staram się trochę przyorientować.

– Chyba *zorientować* – replikuje gospodarz. – Nie ma takiego słowa jak *przyorientować*. Niech się pani lepiej nauczy posługiwać językiem angielskim.

Debbie jest zdruzgotana. W drodze do domu płacze niemal bez ustanku, jednak z jej bólu wyłania się postanowienie: nigdy, przenigdy nie pozwoli, aby stało się coś podobnego. Nie będzie już żyła w niczyim cieniu. Znajdzie sobie coś własnego.

Ale co?

Jedną z rzeczy, które Debbie zawsze uwielbiała robić, było pieczenie ciasteczek z czekoladą. Od trzynastego roku życia wypróbowywała różne przepisy – a to dodając więcej masła, mniej mąki lub wiele różnych rodzajów czekolady, aż wreszcie udało jej się osiągnąć idealną kombinację dającą miękkie, nasycone masłem ciasteczka wypełnione kawałkami czekolady do tego stopnia, że gdyby dodać jeszcze jeden, ciasteczko po prostu by się rozpadło.

W głowie Debbie zaświtał więc pomysł: otworzy niewielki sklepik i będzie sprzedawać ciasteczka.

– Fatalny pomysł – kwitują koledzy Randy'ego z ustami pełnymi ciasteczek. – To się nie sprawdzi – Potrząsają przecząco głowami, zlizując z palców ostatnie drobinki czekolady. – Lepiej o tym zapomnieć. – Randy myśli tak samo. Podobnie urzędnicy bankowi z działu kredytów, do których zwróciła się o pożyczkę.

Mimo to 18 sierpnia 1977 roku o godzinie dziewiątej rano dwudziestoletnia Debbie otworzyła drzwi do sklepiku Mrs. Fields' Chocolate Chippery w pobliskim Palo Alto w Kalifornii. Jedynym problemem było to, że nikt nie chciał kupować ciasteczek. Około południa Debbie była w rozpaczy.

– Zdecydowałam, że jeśli mam się wycofać z interesu, przynajmniej zrobię to z klasą – stwierdziła.

Załadowała więc tacę ciastkami i zaczęła chodzić wzdłuż witryny sklepu, usiłując częstować przechodniów.

– Nikt nie chciał ich brać – wspomina.

Nie zrażona wyszła dalej na ulicę i zaczęła namawiać, błagać i zachęcać ludzi, aż wreszcie zaczęli się częstować.

Udało się. Kiedy ludzie popróbowali ciasteczek, stwierdzili, że są doskonałe i udawali się do sklepu po większą ilość. Pod koniec dnia Debbie miała w kasie pięćdziesiąt dolarów. Następnego dnia zarobiła siedemdziesiąt pięć dolarów. Cała reszta to już historia jej słodkiego interesu.

– Zawdzięczam życie słowu przyorientować – stwierdza Debbie.

Obecnie Debbie Fields jest prezesem i główną amatorką ciasteczek firmy Mrs. Fields, Inc., która stała się liderem na rynku sklepów oferujących ciastka domowego wypieku. Mrs. Fields Cookies posiada sześćset sklepów, tysiąc pracowników i sprzedaż wielomilionowej wartości. Debbie, dziś matka pięciorga dzieci, nadal dzieli się swoją filozofią sukcesu z przedsiębiorcami na całym świecie.

Celeste Fremon
z „Moxie Magazine”

Spacer w lesie możliwości

Nigdy nie odnajdziesz siebie, jeśli nie staniesz oko w oko z prawdą.

Pearl Bailey

Prowadziłem wtedy w Denver okręgowe biuro firmy Fortune 500 i powodziło mi się całkiem nieźle. Miałem służbowy samochód, zarabiałem przyzwoicie, sam byłem sobie szefem i mogłem przychodzić i wychodzić z pracy według własnego uznania.

Tyle że nudziłem się jak mops. Miałem okazję doświadczyć stresu związanego z robieniem czegoś, co ani mnie nie wciągało, ani nie dawało żadnej przyjemności. Przyjeżdżałem do biura na dziesiątą, żeby uniknąć korków, i wyjeżdżałem o czwartej, by w miarę sprawnie dostać się do domu. Wyłączając dwie godziny na lunch i godzinę na różne drobnostki, pracowałem trzy godziny dziennie.

Moja żona zasugerowała, żebym znów wrócił do szkoły i zrobił dyplom. Poszedłem za jej radą i moja przyszłość na zawsze się odmieniła.

Otrzymałem dobre przeszkolenie w sprawach biznesu, a komputerowe programy finansowo-księgowe i kalkulator nie sprawiały mi problemu. Ponieważ jednak, moim zdaniem, ludzie byli tak różni i trudni do rozgryzienia, przestałem się kłopotać osobami zaangażowanymi w ten sam projekt, co ja, i po prostu szedłem do przodu. Wtedy właśnie w moje życie wkroczył Leonard Chusmir, były pracownik wyższej kadry w Knight-Ridder i godny podziwu instruktor. Leonard nauczył mnie, że ludzie naprawdę się liczą. Pokazał mi, w jaki sposób patrzeć na nich poprzez dramaty ich życia. Pomógł mi lepiej spostrzegać wszystkie „dlaczego" kryjące się u podstawy ludzkich działań. Siła jego nauczania nie leżała w zdolności do analizowania innych, lecz w umiejętności analizy samego siebie.

Potem spotkałem kolegę z kursów wieczorowych, Bruce'a Fitcha, który prowadził program rozwoju zawodowego w Colorado Outward Bound School i poprosił mnie o udział w kolejnej jego edycji. Miała w nim uczestniczyć grupa „Rolexowa" składająca się z dyrektorów zarabiających ogromne pieniądze. Zdaniem Bruce'a, moja orientacja w sprawach biznesu mogła mi tylko pomóc w pokonywaniu górskich szlaków w ich towarzystwie.

Tak więc znalazłem się w górach z grupą doskonale prosperujących dyrektorów i menedżerów z Fortune 500. Pojechaliśmy na jedne z najpiękniejszych terenów świata. Spacerowaliśmy po górskich szlakach, zasmakowaliśmy wspinaczki i w ogóle bawiliśmy się jak nigdy w życiu.

Zaprzyjaźniłem się tam z pewnym wysoko postawionym dyrektorem.

– Czy nie zechciałbyś się trochę przejść? – zapytał mnie któregoś wieczoru.

Spacerowaliśmy pod jasnym niebem, usianym gwiazdami, którym przewodził księżyc w pełni. Czułem, jak zadowolenie i radość wypełniają mnie od stóp do głów, gdy nagle mój towarzysz zaczął płakać. Po chwili jego ramionami wstrząsał prawdziwy szloch i mężczyzna zupełnie się rozkleił. Otrzymałem przeszkolenie w zakresie biznesu, a nie ludzkiego serca. Znajdowaliśmy się kilka mil od obozu, a ja zupełnie nie miałem pojęcia, co począć.

Po chwili mężczyzna zaczął opowiadać o swoim życiu, przeżytym w kompletnym braku porozumienia z żoną i dziećmi, a nawet z samym sobą.

– Chcesz wiedzieć, jak wygląda mój zwykły dzień? – spytał. – Kiedy wracam do domu z pracy, wypijam dwie lub trzy szklaneczki martini i zasypiam przed telewizorem, po czym budzę się i zaczynam kolejny dzień pracy. Odkąd pamiętam, jestem całkowicie martwy, od stóp po czubek głowy. Jednak tutaj, po raz pierwszy od dawna, czuję, że żyję.

Potem podziękował mi. Pojąłem, że jego przebudzenie do prawdy o ubóstwie własnego życia potwierdzało jedynie to, co mówili mi przyjaciele, żona i własne doświadczenia.

Dzięki tamtej chwili znalazłem się na rozdrożu między starymi schematami a nowymi możliwościami. Mogłem bowiem dalej wieść dawne życie albo wybrać drogę, dzięki której mógłbym zmieniać życie innych ludzi, takich jak ten mężczyzna.

Obecnie pracuję z klientami jedynie nad tym, co chcieliby zrobić, a nie nad tym, co ewentualnie mogliby uczynić. Każdego, kto się do mnie zwraca, zapraszam na spacer w lesie możliwości.

Jeff Hoye

Złota taktyka

Bez względu na to, jak głęboką wiedzę posiądziesz, tak naprawdę musisz polegać na własnej intuicji, a jeśli o to chodzi, to nigdy nie będziesz wiedział, co się wydarzy, dopóki tego nie uczynisz.

Konosuke Matsushita

Byliśmy firmą, która zajmowała się pośrednictwem pracy dla wysoko wykwalifikowanej kadry. Moja szefowa Angela i ja mieliśmy polecieć na Wschodnie Wybrzeże, aby wynegocjować u naszego największego klienta nowe warunki dwuletniego kontraktu na dwadzieścia sześć milionów dolarów. Jakkolwiek patrzeć, miał to być dla mnie pamiętny dzień, ponieważ oznaczał utrzymanie obecnego stanowiska przez następne dwa lata lub zmierzenie się z ponurą koniecznością szukania nowej pracy.

W tygodniach poprzedzających spotkanie przeprowadziłem kilka rozmów z klientem, w których usiłowano nas zmusić do kapitulacji, twierdząc, że nie tylko nie zapłacą żądanej przez nas podwyżki, lecz proszą nas jeszcze o dobrowolne obniżenie opłat. Moja szefowa jasno stwierdziła, iż nie wycofa się z żądanej podwyżki. Na prywatnym spotkaniu poinformowała mnie, że musimy przygotować prezentację na slajdach, która ukaże konieczność jej wprowadzenia.

Cały pomysł nie bardzo mi się podobał, bo pamiętałem, z jakim naciskiem nasz klient podkreślał konieczność obniżenia opłat, która miała być dla niego warunkiem dalszej współpracy. Obawiałem się, że bardzo łatwo możemy skończyć z kontem umniejszonym o dwadzieścia sześć tysięcy dolarów.

Usiłowałem dyplomatycznie przedyskutować owe obawy z szefową, jednak pozostała nieubłagana. Zdecydowała, że trzeba zmusić ich wreszcie do „hołdu", zamiast szukać kompromisów. W moim umyśle pojawiła się scena rozlewu krwi.

Spotkanie odbywało się w pięknej sali konferencyjnej z mahoniową boazerią. Angela przedstawiła naszą prezentację, po czym zajęła miejsce obok mnie naprzeciwko trójki dyrektorów, od których oddzielał nas szeroki stół. W duchu zjeżyłem się na widok tak oczywistego układu „my i oni".

Po trzydziestu minutach niezręcznego obwiniania przeciwnika i bronienia swoich racji, po czym protekcjonalnego obwiniania siebie i przyznawania racji przeciwnikowi Angela wybuchnęła płaczem. Nie wierzyłem własnym oczom! I co teraz? Dyrektorowie przeprosili, wyjaśniając, że nie mieli zamiaru ranić jej uczuć, jednak ich obowiązkiem jest działanie w interesie własnego przedsiębiorstwa. Dostrzegłem, że odbierają jej łzy jako manipulację i starają się być uprzejmi. Widziałem też, że kompletnie sfuszerowaliśmy sprawę i już wkrótce będę się pewnie musiał rozejrzeć za nową posadą.

Zapytałem, czy moglibyśmy sobie pozwolić na pięciominutową przerwę. Wszyscy przytaknęli, że to niezły pomysł. Zapytałem Angelę, czy mogłaby wejść ze mną na chwilę do toalety. Tam zapytałem ją, czy pozwoli mi czegoś spróbować.

– W porządku – odpowiedziała. – Na tym etapie nic już nie można bardziej zepsuć. Wychodzę zaczerpnąć świeżego powietrza.

Z wdzięcznością myślałem o ciszy panującej w pustej łazience, nie miałem bowiem zielonego pojęcia, w jaki sposób można jeszcze uratować ten dzień. Skryłem twarz w dłoniach i zacząłem się modlić. Pewien mądry nauczyciel rzekł kiedyś, że modlitwa to świadomość prosząca o pomoc siebie samą. Po latach uważania modlitwy za zabawę dla dzieciaków znów dałem sobie na nią pozwolenie. Odczułem to jako ogromną ulgę.

Wziąłem kilka głębokich wdechów i wyobraziłem sobie, w jaki sposób chciałbym zaaranżować całą scenkę. Ujrzałem, jak wszyscy siedzimy w kręgu, a przez ubrania przebijają nam jasnoczerwone serca. W tamtej chwili zrozumiałem, że powinienem skupiać własną świadomość na sercu, bez względu na to, co nastąpi. Potem spostrzegłem, że wszyscy się śmieją. Myśl o śmiechu spowodowała, że się rozluźniłem, chociaż nie miałem pojęcia, co mogłoby nas aż tak rozbawić. Dziwnym trafem myśl o powrocie do sali konferencyjnej nie wydawała mi się już nieprzyjemna. Zauważyłem też, że jestem w stanie spokojnie przyjąć wszystko, co się wydarzy.

Na początek omówiłem kilka drobnych, mało porywających szczegółów dotyczących interesu, które wymagały dyskusji. W którymś momencie zająknąłem się i powiedziałem „cel" zamiast „cel", co niezmiernie wszystkich rozbawiło. Właśnie dzięki temu puściły lody. Przez kilka minut byliśmy po prostu ludźmi, którzy śmiali się do rozpuku. Potem przypomniałem sobie, że jedna z naszych konsultantek została ostatnio zaproszona przez jednego z ich największych klientów na rodzinne spotkanie w Sea World. Starsze małżeństwo było właścicielami laboratorium, które pomagała urządzać nasza konsultantka. Zaprzyjaźnili się, często zapraszali ją na kolację, aż wreszcie adoptowali ją jako córkę, której nigdy nie mieli. Dyrektorzy niezmiernie się zainteresowali tą historią. Wspomniałem, iż to tylko jedna z wielu opowieści o tym, jak wspaniale radzą sobie nasi konsultanci, zaskarbiając sobie życzliwość i przyjaźń klientów w całym kraju.

Po następnych kilku minutach przeznaczonych na opowieści zauważyłem, że atmosfera w pokoju złagodniała. W tamtej chwili po prostu wspominaliśmy miłe chwile i dobrze się bawiliśmy.

Wreszcie zaśmiałem się i powiedziałem:

– Nie wiedzieliście, że finansujecie rozwój społeczności i „łączenie rodzin", prawda?

Wtedy wicedyrektor firmy powiedział:

– Marty, jeśli sponsorowanie łączenia rodzin zapewni mi sukces w interesach, to wchodzę w to. Proszę, żebyś poszedł do swojego biura i popracował nad kosztami. Jeśli możecie udowodnić, że utrata waszego zespołu konsultantów na dłuższą metę może nas kosztować więcej, podpiszę ten kontrakt na obecnie proponowane sumy. Co wy na to?

Czułem się tak, jakby wydarzył się prawdziwy cud. Jeszcze bardziej zdumiało mnie to, że kiedy Angela i ja referowaliśmy w firmie przebieg negocjacji, zaproponowano mi awans na wicedyrektora i na dodatek podwyżkę!

Marty Raphael

Uścisk nastolatka

Żaden, najmniejszy nawet akt życzliwości nie idzie na marne.

Ezop

Piętnaście lat działania na niwie nauczycielskiej pozwoliło mi zgromadzić w pamięci wiele bezcennych chwil. Jedna z tych najdroższych miała miejsce, kiedy uczyłam drugą klasę szkoły podstawowej, dziesięć lat temu.

W maju podjęłam decyzję, że czas zaplanować dla dzieci coś specjalnego i wymyśliłam podwieczorek z okazji Dnia Matki. Dzieci prześcigały się w pomysłach, w jaki sposób najpiękniej uhonorować nasze mamy. Ćwiczyliśmy śpiewanie piosenek, nauczyliśmy się na pamięć okolicznościowego wiersza, zrobiliśmy piaskowe świece, które zapakowaliśmy w ręcznie wycinane, białe torebki i ozdobiliśmy je kolorowymi wstążkami. Następnie wypisaliśmy i ozdobiliśmy karty z życzeniami dla każdej z mam.

Zdecydowaliśmy, że podwieczorek odbędzie się w piątek poprzedzający Dzień Matki. Każde dziecko zabrało do domu zaproszenie. Z ulgą i zdziwieniem skonstatowałam fakt, iż wszystkie matki miały zamiar się pojawić. Nawet ja sama zaprosiłam swoją mamę.

W końcu nadszedł nasz wielki dzień. Już za piętnaście druga wszystkie dzieci ustawiły się przed klasą w oczekiwaniu na przybycie mam. Tuż przed rozpoczęciem rozejrzałam się po sali i moje oczy napotkały postać Jimmy'ego. Jego matki wciąż nie było i chłopiec wyglądał na zdruzgotanego.

Wzięłam więc swoją matkę za rękę i podeszłam do niego.

– Jimmy – powiedziałam – mam tu drobny problem i zastanawiałam się, czy nie mógłbyś mi przypadkiem pomóc. Za moment będę naprawdę zajęta, zapowiadając nasze piosenki i wiersze oraz nalewając poncz. Może mógłbyś potowarzyszyć trochę mojej mamie? Na przykład możesz jej podać poncz i ciasteczka, a potem wręczyć zrobioną przeze mnie świeczkę.

Moja matka i Jimmy zajęli miejsce za stołem razem z dwójką innych dzieci i ich mamami. Jimmy podawał mojej mamie jedzenie i picie, wręczył jej prezent oraz odstawiał i przystawiał krzesło, tak jak ćwiczyliśmy poprzedniego dnia. Kiedy na nich zerkałam, widziałam, że prowadzą ożywioną rozmowę.

Wspomnienie tego dnia na zawsze zachowałam w pamięci. Obecnie, dziesięć lat później, pracuję z uczniami w różnym wieku, prowadząc lekcje o środowisku. Rok temu w szkole średniej zabrałam najstarszą klasę na wycieczkę i pośród jej uczestników znalazł się Jimmy.

Cały dzień spędziliśmy w pustynnych okolicach Montany. W drodze powrotnej kazałam uczniom dokończyć raport z wydarzeń, napisać krótką kartkówkę i ocenę wycieczki. Zbierając zeszyty, przerzucałam je, sprawdzając, czy niczego nie brakuje.

Dotarłszy do strony z oceną w zeszycie Jimmy'ego, ujrzałam słowa: „Czy pamięta pani Dzień Matki, który obchodziliśmy w drugiej klasie? Ja pamiętam! Dziękuję za wszystko, co pani dla mnie zrobiła, i dziękuję też pani matce".

Kiedy rozchodziliśmy się sprzed szkoły, Jimmy zrobił wszystko, żeby ociągać się jak najdłużej. Powiedziałam mu, że to, co napisał, naprawdę mi się podoba. Spojrzał na mnie zawstydzony, wymruczał podziękowanie i odwrócił się, by odejść. Gdy mój kierowca autobusu ruszał, Jimmy podbiegł i zapukał w drzwi wozu. Sądziłam, że czegoś zapomniał, ale on wskoczył do środka i obdarzył mnie serdecznym uściskiem.

– Jeszcze raz wielkie dzięki, pani Marra. Nikt się nie zorientował, że moja mama nie mogła przyjść!

Tym sposobem zakończyłam dzień pracy uściskiem od nastolatka, który najprawdopodobniej przestał ściskać nauczycieli wieki temu.

Nancy Noel Marra

6

Twórcze podejście do pracy

Wszyscy mamy zakodowaną w sobie niezwykłość... która jedynie czeka na uwolnienie.

Jean Houston

Zabieg

Uśmiech to zakręt, który wszystko prostuje.

Phyllis Diller

Darrin miał cztery lata. Była to jego pierwsza wizyta u chiropraktyka i szedł tu z dużym ociąganiem, podobnie jak większość dzieci, które po raz pierwszy mają się zetknąć z lekarzem.

Stosunkowo wcześnie w swojej karierze nauczyłem się, że próby wykonywania zabiegów bez wcześniejszego zyskania zaufania dziecka i rozwiania jego obaw kończą się wrzaskiem, bieganiną i obijaniem się o ściany. Jeśli natomiast zyska się zaufanie małego pacjenta i da mu się trochę czasu na zbudowanie dobrej relacji z lekarzem, można robić wszystko, co się chce, przy pełnej współpracy. Przeważnie trwa to zaledwie kilka chwil.

Jedną z technik, które uważam za najbardziej skuteczne, jest wykazanie zainteresowania ulubioną zabawką dziecka. Kiedy się jej dotknie czy ją przytuli, drzwi do serca malucha stają otworem. Wykonałem już tysiące zabiegów na misiach, wozach strażackich, lalkach Barbie, balonikach, połamanych wózkach i Bóg wie, czym jeszcze – sami wymyślcie im nazwy, bo ja je tylko leczyłem.

Jednak sytuacja Darrina była nieco inna.

Poleciłem Jean, matce Darrina, by chłopiec przyniósł ze sobą ulubioną zabawkę, ale przyszli bez niej, a matka chłopca, zapytana, powiedziała:

– Drogi panie doktorze, nie mogłam jej z sobą przynieść.

– Dlaczego? – spytałem.

– Chyba pan spadnie z krzesła, gdy pan to usłyszy, ale ulubioną zabawką Darrina jest nasz odkurzacz i po prostu czułabym się niezmiernie głupio, zabierając go do pana – odpowiedziała.

– Niech pani chwilkę zaczeka – powiedziałem.

Pomaszerowałem korytarzem do pokoju woźnego i wyciągnąłem stamtąd odkurzacz. Przyniosłem go do gabinetu zabiegowego. Wyraz oczu Darrina powiedział mi, że nadajemy na tej samej fali i że prędko zostaniemy przyjaciółmi.

Najpierw przedstawiłem go naszemu odkurzaczowi, zachęcając go, żeby dotknął worka i pobawił się, podczas gdy ja miałem zbadać jego matkę.

Metoda badania, którą stosujemy, zakłada użycie ręcznego działającego na podczerwieni skanera, którym bada się postępy pacjenta. Po zakończeniu zabiegu u Jean wziąłem instrument i przejechałem nim po całej długości odkurzacza. Następnie umieściłem odkurzacz na stole zabiegowym i symulowałem wykonywanie prawdziwego zabiegu.

Darrin obserwował mój każdy ruch. Pozwoliłem mu trzymać ręce na leżącym na stole odkurzaczu i zapewniłem go, że już zaraz zabawka poczuje się lepiej.

Wreszcie przyszła kolej na Darrina. Bez cienia lęku usiadł przy skanerze, a potem położył się na stole. Zyskałem jego pełne zaufanie. Rzecz jasna zostaliśmy przyjaciółmi, a ja wyleczyłem swój pierwszy odkurzacz!

G. Stillwagon

Dobra robota

Doskonałe firmy nie wierzą w doskonałość, a jedynie w nieustanne doskonalenie się i zmianę.

Tom Peters

Quad/Graphics to jedna z największych drukarni na świecie. Pomysł jej powstania zrodził się w głowie Harry'ego Qudracci Jr., urodzonego geniusza w kwestii samodoskonalenia się pracowników. Nieustannie poszukuje on tańszych, szybszych i jeszcze bardziej cudownych sposobów robienia interesów, zawsze postępując uczciwie.

Któregoś dnia poproszono mnie o przeprowadzenie czterodniowego szkolenia dla niemal dziewięćsetosobowej grupy menedżerów firmy. Przygotowując się do całego przedsięwzięcia, przeprowadziłem szereg poprzedzających prezentację rozmów telefonicznych z wybranymi na chybił trafił pracownikami. Jednym z moich najbardziej interesujących rozmówców okazał się John Imes, menedżer do spraw ekologii. Z uwagi na to, że ogromna drukarnia produkuje mnóstwo odpadów, jego praca polega na zajmowaniu się utylizacją ścieków odpływających z Quad/Graphics. Każda należąca do firmy drukarnia codziennie wytwarza wiele nieczystości. Przedsiębiorstwo zatrudniło Johna kilka lat temu, by pomógł zmniejszyć koszty związane z utylizacją i dostosować zakłady do przepisów i standardów Agencji Ochrony Środowiska.

John doszedł do następującego wniosku:

– Przecież i my jesteśmy mieszkańcami tego miasta. Jeśli wszystkie te gazy będziemy wypuszczać w atmosferę, będziemy je wdychać my i nasze dzieci. Jeśli zanieczyścimy rzeki, będziemy pić brudną wodę.

Podjął więc decyzję, że przedsiębiorstwo musi zająć się oczyszczaniem. Pozostając jednak w zgodzie z polityką Harry'ego Quadracci, nie miał wątpliwości, iż nie może to przeszkadzać w przynoszeniu zysków.

Osiem lat później okazało się, że firma zarabia na oczyszczaniu, rzecz jasna pozostając w całkowitej zgodzie z przepisami AOŚ. Pierwszą rzeczą, jaką uczynił John, był telefon do inspektora agencji i zaproszenie go do drukarni.

– Pragnę, aby był pan moim partnerem w dostosowywaniu przedsiębiorstwa do reguł pańskiej agencji. W jaki sposób moglibyśmy współpracować?

Inspektor stwierdził, że coś podobnego nigdy mu się jeszcze nie zdarzyło.

– Chcę, aby towarzyszył mi pan tutaj przez cały czas – powiedział John. – Nie ma sensu, żeby łączyły nas wrogie stosunki. Mam zamiar uczynić tę drukarnię i wszystkie inne miejscami czystymi i efektywnymi. Bądźmy więc partnerami.

Analizując najróżniejsze źródła potencjalnych zanieczyszczeń, doszli do wniosku, iż jednym z najpoważniejszych jest używany do drukowania tusz. Potem odkryli, że można go produkować z soi, tyle że w tamtym okresie tusze sojowe powodowały liczne problemy i były uważane za niepraktyczne. John zasugerował dyrekcji firmy, że można by zbadać całą sprawę nieco dokładniej. Już po kilku latach weszli w interes tuszów sojowych, posiadali ich doskonałe rodzaje i na dodatek sprzedawali je na całym świecie.

Potem przyszedł czas na kolejny przełom. Odkryli, że makulaturę można wykorzystywać na wiele przydatnych sposobów. Krok za krokiem w ten sam sposób dochodzili do wniosku, że istnieją inne korzystne sposoby utylizacji niemalże wszystkiego, co wcześniej wyrzucano. Tam, gdzie każda drukarnia produkowała wcześniej mnóstwo baryłek odpadów, nie wywożono już więcej niż jedną baryłkę dziennie.

Dla Johna Imesa każdy dzień stał się sposobnością, by zdziałać coś wartościowego – i to nie tylko dla własnej firmy, lecz także dla całej społeczności.

Hanoch McCarty

„Posuń się!”

Jeśli kochamy naszych pacjentów i śmiejemy się wraz z nimi, wywołujemy najwyższy stopień uzdrowienia, którym jest wewnętrzny spokój.

Leslie Gibson

Obsługa pielęgniarska w pobliskim szpitalu miała mnóstwo kłopotu z pewnym starcem o wyjątkowo trudnym charakterze. Mężczyzna nie pozwalał nikomu wchodzić do swojego pokoju i nierzadko stawiał tak silny opór, że pielęgniarki nie mogły mu nawet podać lekarstw. Któregoś dnia jakaś pomysłowa pielęgniarka postanowiła, że poprosi jednego ze swoich przyjaciół, żeby odmienił nieco życie nieposłusznego pacjenta.

Pewnego wieczoru, kiedy starzec leżał cicho w łóżku, od czasu do czasu rzucając tylko groźne spojrzenia, drzwi do słabo oświetlonego pokoju nagle się uchyliły. Kiedy oczy mężczyzny powędrowały w ich kierunku, gotowe wyprosić intruza, aż podskoczył ze zdziwienia, widząc nieznajomą postać, która stała spokojnie i obserwowała go w milczeniu. Nie była to kolejna „nachalna” członkini obsługi pielęgniarskiej, lecz prawdziwy cyrkowy klaun. Naraz postać o błyszczącej jaskrawymi kolorami twarzy przyskoczyła do łóżka pacjenta.

– Posuń się! – krzyknął przybysz.

Porażony rozkazem starzec odsunął się nieco, klaun zaś usadowił się obok niego, wygładziwszy przedtem prześcieradła, po czym zaczął przerzucać kartki jakiejś przyniesionej przez siebie książki.

– Poczytam ci trochę – oznajmił, a potem zaczął: – „Jack i Jill poszli na wzgórze, by przynieść wiadro wody. Jack zaraz sturlał się i zgubił swą koronę, Jill potoczyła się tuż za nim".

Klaun czytał dalej wiersze ze zbioru *Mama Gęś*, a starzec słuchał w skupieniu, czując, jak z każdym słowem jego ciało się uspokaja. Pod koniec lektury jeszcze przed chwilą ponury stary człowiek leżał cicho obok swego zabawnego gościa, pogrążony w tak niewzruszonym spokoju, jakiego nie widziała jeszcze żadna z pielęgniarek. Na pożegnanie klaun pocałował pacjenta w czoło i powiedział „do widzenia".

Jeszcze tej samej nocy starzec cicho i spokojnie przeniósł się na tamten świat, a na jego twarzy gościły zadowolenie i uspokojenie.

Jeffrey Patnaude

O ile dobrze zrozumiałem, pani komputer jest w depresji.
Przychodzę go podnieść na duchu.

Dzielcie się uśmiechem

Jeśli nie używasz swego uśmiechu, jesteś niczym człowiek, który ma w banku milion dolarów, tylko nie posiada książeczki czekowej.

Les Giblin

Była zwyczajna środa. Razem z żoną wygłaszaliśmy prelekcję w domu opieki na temat tego, w jaki sposób udało nam się dojść do siebie po ataku serca. Po wystąpieniu jedna z pensjonariuszek, Miriam, zapytała, czy nie mielibyśmy trochę czasu na rozmowę.

– Zawsze sądziłam, że do szczęścia potrzeba mi trzech rzeczy: kogoś, kogo mogłabym kochać, czegoś, czym mogłabym się zająć, i czegoś, na co mogłabym radośnie czekać – powiedziała. – Mam tu mnóstwo ludzi, których kocham, i wiele zajęć, dzięki którym się nie nudzę, jednak nie mam niczego takiego, na co mogłabym oczekiwać. Może macie państwo jakiś pomysł?

– A na co pani czekała, zanim znalazła się pani tutaj? – spytaliśmy.

– Och, dawniej lubiłam się pośmiać z innymi ludźmi – odpowiedziała.

– A z czego się pani śmiała?

– Z wszystkiego, co widziałam, słyszałam, czułam, smakowałam czy wąchałam – odrzekła z uśmiechem.

W tamtej chwili wpadliśmy na pomysł rozpoczęcia zupełnie nowego projektu. Wyruszyliśmy na poszukiwanie humoru i w tym celu używaliśmy wszystkich naszych zmysłów.

Rozpoczęliśmy od plakatu głoszącego: *Życie to zbyt poważna sprawa, by traktować je poważnie.* Potem wyszukaliśmy guzik, na którym napisano: *Ciesz się życiem, bo to coś więcej niż próba generalna.* Na torebkach do herbaty wydrukowano: *Jesteś jak ta torebka... dopiero w gorącej wodzie zauważasz, jaki jesteś mocny.*

Kontynuowaliśmy poszukiwania i znaleźliśmy komiksy, kasety wideo i kasety magnetofonowe wypełnione humorystyczną treścią. Ludzie przynosili nam nalepki na zderzaki wozów, ilustracje, książki, kasety, karty z życzeniami i zabawki dla dzieci w różnym wieku. Jak zawsze popularnością cieszyły się zwierzaki-przytulanki i piłeczki. Rzecz jasna, żaden przygotowany przez nas koszyk humoru nie był kompletny bez przyrządu do puszczania baniek.

Oczywiście, zapakowaliśmy też taki koszyk dla Miriam – kobiety, która podsunęła nam pomysł. Powiedziała potem, że radością tamtego dnia było dzielenie się zawartością kosza z innymi mieszkańcami domu, gośćmi i w ogóle z każdym, na kogo się natknęła. Ktoś wyraził się o niej w ten sposób, że szuka w koszyku uśmiechu i dzieli się nim. Tak więc postanowiliśmy nazwać nasz projekt: „Poszukaj uśmiechu i podziel się nim".

Nasza akcja zakończyła się tak wielkim sukcesem, że wieść o niej rozniosła się po innych instytucjach tego typu i zasypano nas zamówieniami.

Jeden z domów opieki dla osób starszych poprosił o wykonanie wózka humoru przypominającego sklepowe wózki na zakupy. Ochotnicy popychają go teraz wzdłuż korytarzy, dzieląc się uśmiechem i humorem z innymi pensjonariuszami. Inny ośrodek poprosił o urządzenie sali humoru ze sprzętem do odtwarzania wesołych filmów. Już wkrótce różne rodziny podarowały nam śmieszne filmy i programy w rodzaju *Ukrytej kamery*.

Oto, w jaki sposób coś, co miało być tylko prostym gestem w stronę jednej starszej kobiety, przekształciło się w długofalowy projekt.

Miriam już od nas odeszła i śmieje się teraz po tamtej stronie, ale kiedy ją widzieliśmy ostatni raz, na drzwiach jej pokoju widniał taki napis: *Szczęśliwa jest kobieta, która potrafi się śmiać z samej siebie – w ten sposób nigdy nie przestanie się dobrze bawić.*

John Murphy

Czas minął

Chwila obecna ma jedną przewagę nad każdą inną – w całości należy do nas.

Charles C. Colton

On był prezesem wiodącej firmy reklamowej, a ja bardzo młodym konsultantem do spraw zarządzania. Polecił mu moje usługi jeden z jego pracowników, który miał okazję przyjrzeć się mojej pracy i stwierdzić, że mam coś ciekawego do zaoferowania. Byłem zdenerwowany. W tamtym okresie mojej kariery rozmowy z prezesami firm nie należały do moich najczęstszych zajęć.

Godzinna rozmowa miała się rozpocząć o dziesiątej rano. Przyszedłem nieco przed czasem i punktualnie o dziesiątej zaproszono mnie do przestronnego pokoju umeblowanego jaskrawożółtymi meblami.

Miał podwinięte rękawy koszuli i wredny wyraz twarzy.

– Ma pan tylko dwadzieścia minut – warknął.

Siedziałem nieporuszony, nie mówiąc ani słowa.

– Powiedziałem, że ma pan tylko dwadzieścia minut.

Dalej tylko milczenie.

– Pana czas mija. Dlaczego pan nic nie mówi?

– To moje dwadzieścia minut – odpowiedziałem. – Mogę z nimi zrobić, co zechcę.

Wybuchnął śmiechem. Potem rozmawialiśmy przez godzinę i dostałem tę pracę.

Martin Rutte

Poetycka wizja

My sami zostaliśmy stworzeni. I dlatego właśnie mamy kontynuować twórczą wizję poprzez bycie istotami twórczymi.

Julia Cameron

Nasza organizacja, Stowarzyszenie Meteorologiczne Nowej Zelandii, weszła niedawno w okres poważnych przekształceń, zmieniając status z departamentu rządowego na niezależną i rozwijającą się instytucję, która zajmuje się przygotowywaniem prognoz pogody. Nie mieliśmy na kim się wzorować i dla wszystkich było jasne, że potrzebowaliśmy dobrych pomysłów i jakiejś interesującej wizji.

Za czasów rządowych główna polityka polegała na redukcji kosztów przez skomputeryzowanie wszystkiego, co możliwe. Szczególnie odnosiło się to do działu prognoz. Mimo że praktyka pracy nie zmieniła się tu zbytnio, gdy oddzieliliśmy się od rządu, zdecydowaliśmy, że i tu będzie trzeba zmienić naszą filozofię. Podkreślaliśmy zwłaszcza fakt, iż za prognozą pogody kryją się ludzie, a nie komputery, a dobre systemy i sprzęt tylko ich wspomagają. Zanim jeszcze udało nam się wdrożyć ową filozofię, nadszedł czas, by jakoś ją sformułować.

Po męczącej debacie i poruszeniu na forum podstawowych kwestii, wyłoniło się kilka sformułowań – nieco siermiężnych, ale oddających istotę sprawy.

Służby prognostyczne dla dobra naszych klientów opracowujące informacje za pomocą efektywnej techniki w inspirującym otoczeniu.

Kiedy tak siedzieliśmy wokół stołu, administracja, profesorowie i prognostycy, głowiąc się nad sposobem zakomunikowania naszej wizji reszcie przedsiębiorstwa, mężczyzna o imieniu Marco chrząknął i przeczytał:

Mówimy o słońcu i wietrze
technikami, które co dzień są lepsze.
Nasze inspirujące otoczenie
i wysoka jakość sprawiają,
że klienci naprawdę nas kochają.

Cisza. Ktoś wyjął Marco kartkę z ręki i przepisał wierszyk na tablicy. Wszyscy wybuchnęli śmiechem i rozległy się okrzyki: „To jest to!"

Kiedy to wspominamy, jeszcze dziś na naszych twarzach gości uśmiech. Nawet dyrekcja nieźle się uśmiała. A w naszym dziale zachodzą zmiany odpowiadające znaczeniu tych kilku linijek. W jednej chwili odeszliśmy od tego, co nudne i standardowe, ku temu, co zabawne i efektywne!

John Lumsden

7

Pokonywanie przeszkód

Jako mężczyźni i kobiety mamy jeden obowiązek – postępować tak, jakby granice naszych możliwości nie istniały.

Pierre Teilhard de Chardin

KRYZYSY
IMPASY
PROBLEMY
ZASTOJE
CHAOS
BÓLE GŁOWY
SCHWADRON

Jak zwrócić na siebie uwagę

Nic nie odniesie nigdy sukcesu, jeśli nie przyłoży do tego ręki niezłomny duch.

Friedrich Nietzsche

Kilka lat temu pełniłam funkcję dziekana Lansing School of Nursing, Education and Health Sciences przy Bellarmine College w Louisville w Kentucky. Budynek szkoły mieścił się na wzgórzu, zaś wszystkie pozostałe gmachy, w tym administracja – na wzgórzu sąsiednim. Któregoś dnia pod koniec stycznia mieliśmy potężną śnieżycę, po której nastąpiły obfite opady śniegu. Rejonowe służby porządkowe wykonały świetną pracę, oczyszczając główną część terenów uniwersyteckich, jednak jakimś dziwnym trafem „zapomniały" o moim wzgórzu. Kiedy przybyłam do biura, stanęłam twarzą w twarz z dwiema setkami rozgniewanych studentów, dwunastoma rozhisteryzowanymi członkami grona nauczycielskiego i czwórką obsługi administracyjnej. Nie odśnieżono ani wzgórza, ani parkingu.

Miałam przed sobą dwa wyzwania: doprowadzić do odśnieżenia wzgórza i obniżyć poziom stresu u wszystkich zgromadzonych. Kiedy zadzwoniłam do służb porządkowych, okazało się, że podobnie jak dwa miesiące temu, gdy borykałam się z takim samym problemem, otrzymałam odpowiedź, iż przyjadą, kiedy będą mogli.

Tym razem natychmiast poprosiłam sekretarkę o formularz kupna i prośby o dofinansowanie, po czym wypisałam zamówienie na szwajcarski wyciąg narciarski. Ponieważ nie miałam pojęcia, ile coś takiego może kosztować, wpisałam kwotę sześciuset tysięcy dolarów i poprosiłam o sześćdziesiąt tysięcy na poczet zaliczki. Po dziś dzień nie mam pojęcia, jaka procedura powinna towarzyszyć takim zakupom, ale wtedy nie miało to znaczenia – przecież tylko symulowałam.

Zrobiłam kopie dokumentów i rozesłałam je po szkole, następnie dostarczyłam prośby prosto do gabinetu wicedyrektora, gdyż to on właśnie pełnił władzę nad pionem administracyjnym. Jego sekretarkę poinformowałam, że chodzi o sprawę niezwykłej wagi i dlatego musi być załatwiona jak najszybciej.

Zaledwie zdążyłam wejść do swojego biura, zadzwonił telefon, w słuchawce zaś zagrzmiał rozgniewany głos:

– Czy pani zwariowała? – krzyczał wicedyrektor. – Nie możemy sobie na to pozwolić! Kto upoważnił panią do kupna wyciągu?

– Dyrektor naczelny – odpowiedziałam pokornie.

Mówiono mi, że mój rozmówca z wściekłością rzucił słuchawkę, pobiegł korytarzem z formularzami w ręku prosto do gabinetu dyrektora i wyrzucił z siebie pytanie, czy ten rzeczywiście upoważnił mnie do takiego kroku.

Dyrektor, który dobrze mnie znał, powoli przeczytał zamówienie na wyciąg, po czym spojrzał na swego zastępcę i powiedział:

– Nie odśnieżyliście jej wzgórza, prawda?

– Dlaczego nie powiedziała, że chodzi jej właśnie o to? – krzyknął.

Dyrektor roześmiał się.

– Ale udało jej się zwrócić wreszcie pana uwagę, prawda?

Po dziesięciu minutach po naszym wzgórzu jeździły już pługi śnieżne i ciężarówki z piaskiem. Wszyscy ludzie zaś stali w oknach, śmiali się i wiwatowali.

Ann E. Weeks

Wszystko zależy od podejścia

Jerry należał do tych facetów, których trudno jest nie nienawidzić. Zawsze był w dobrym nastroju i zawsze też miał coś pozytywnego do powiedzenia. Kiedy ktoś pytał go, jak się dziś czuje, odpowiadał:

– Gdybym mógł poczuć się jeszcze odrobinkę lepiej, pewnie byłbym bliźniętami!

Był na pewno wyjątkowym menedżerem, bo kiedy odchodził z jednej restauracji do innej, nieustannie towarzyszyła mu grupa tych samych kelnerów. Powodem, dla którego chcieli z nim pracować, było podejście Jerry'ego do ludzi. Miał wrodzoną zdolność wzbudzania w innych motywacji. Jeśli któryś z jego pracowników miał zły dzień, Jerry zaraz wskazywał mu pozytywne strony sytuacji.

Jego nieustająco dobry humor na tyle mnie zaciekawił, że któregoś dnia podeszłam do niego i zapytałam:

– Nie pojmuję! Przecież nie można przez cały czas mieć pozytywnego stosunku do wszystkiego i zawsze czuć się świetnie. Jak pan to robi?

Oto co mi odpowiedział:

– Każdego ranka otwieram oczy i mówię do siebie: „Jerry, masz dzisiaj taki wybór. Albo będziesz w dobrym nastroju, albo w złym". Po czym wybieram to pierwsze. Za każdym razem, gdy wydarzy się coś złego, mogę wybierać pomiędzy rolą ofiary a sposobnością nauczenia się czegoś z całego zajścia. Wybieram to drugie. Kiedy ktoś przychodzi do mnie z narzekaniami, mogę je zaakceptować lub wskazać mu pozytywną stronę życia. Wybieram to ostatnie.

– No dobrze, ale to wcale nie jest łatwe.

– Nieprawda – odpowiedział. – Całe nasze życie składa się z takich wyborów. Jeśli odrzuci się nieistotne detale, każda sytuacja jawi się jako wybór. Wybieramy sposoby reagowania na sytuacje. To, jak ludzie będą wpływać na nasz nastrój, to również kwestia naszego wyboru. To, czy będziesz w dobrym, czy w złym nastroju, jest również twoim wyborem. Wniosek: sam wybierasz sposób, w jaki przeżywasz własne życie.

Długo myślałam nad tym, co powiedział Jerry. Wkrótce opuściłam branżę restauracyjną, by otworzyć własny interes. Straciliśmy kontakt, jednak często o nim myślałam, kiedy podejmowałam życiowe wybory, zamiast po prostu reagować na sytuacje.

Po kilku latach doszły mnie słuchy, że Jerry zrobił coś niewybaczalnego dla właściciela restauracji: któregoś ranka zostawił otwarte tylne drzwi i został zaatakowany przez trzech uzbrojonych napastników. Kiedy usiłował otworzyć sejf, z nerwów zatrzęsły mu się ręce i palce zsunęły mu się z tarczy szyfrowej. Bandyci wpadli w panikę i strzelili do niego. Na szczęście udzielono mu pomocy stosunkowo szybko i na sygnale zawieziono go do szpitala. Po osiemnastogodzinnej operacji i wielotygodniowej rekonwalescencji na oddziale intensywnej terapii opuścił szpital z kilkoma odłamkami w ciele.

Widziałam się z Jerrym jakieś sześć miesięcy po wypadku. Kiedy spytałam go, jak się czuje, odpowiedział:

– Gdybym mógł poczuć się jeszcze odrobinę lepiej, zostałbym bliźniętami. Chcesz zobaczyć moje blizny?

Obejrzałam ślady po kulach i zapytałam, jakie myśli przemykały mu przez głowę podczas napadu.

– Pierwsza myśl dotyczyła tego, że powinienem był zamknąć tylne drzwi – odpowiedział. – Potem zaś leżałem na podłodze i przypominałem sobie, że zasadniczo mam taki wybór: mogę żyć albo umrzeć. Wybrałem to pierwsze.

– I nie bałeś się? Nie straciłeś przytomności?

– Lekarze byli wspaniali. Cały czas mówili mi, że wszystko będzie dobrze. Ale kiedy wieźli mnie na blok operacyjny, dostrzegłem spojrzenia, jakie lekarze i pielęgniarki wymieniali między sobą i naprawdę się przestraszyłem. W ich oczach odczytałem przepowiednię: „On jest już martwy". Wiedziałem, że muszę zadziałać.

– I co zrobiłeś? – dopytywałam się.

– Była tam taka wielka, tęga pielęgniarka, która z wrzaskiem zadawała mi pytania. Zapytała, czy jestem na coś uczulony, a ja odpowiedziałem, że tak. Wtedy lekarze i pielęgniarki zastygli w oczekiwaniu na moją odpowiedź, a ja krzyknąłem, że jestem uczulony na kule! Kiedy się roześmiali, powiedziałem im, że wybieram życie i żeby operowali mnie jak kogoś, kto przeżyje, a nie umrze.

Jerry przeżył dzięki umiejętnościom swoich lekarzy, lecz w równej mierze zawdzięcza to swemu zdumiewającemu podejściu do życia. Nauczyłam się od niego tego, że każdego dnia mamy wybór, czy żyć w pełnym tego słowa znaczeniu. W końcu wszystko to kwestia podejścia.

Francie Baltazar-Schwartz

Wygórowana stawka

Wiele lat temu w rafinerii ropy naftowej wybuchł pożar. Płomienie strzelały w powietrze na wysokość kilkunastu metrów. Niebo pokrywała gruba zasłona gęstego, czarnego dymu. Z palącego się budynku buchał tak wielki żar, że strażacy musieli zaparkować ciężarówki na sąsiedniej ulicy i tam też oczekiwali, aż gorąco nieco się zmniejszy, i wtedy mieli zacząć gasić. Jednak od tego, by pożar wymknął się całkowicie spod kontroli, dzieliła ich zaledwie chwila.

W pewnym momencie, zupełnie znienacka z innej ulicy nadjechał wóz strażacki, pędząc ze wszystkich sił w stronę pożaru i z piskiem opon zahamował tuż przed płonącym budynkiem. Natychmiast wyskoczyli z niego strażacy i przystąpili do gaszenia płomieni. Strażacy, którzy jak dotąd przypatrywali się tylko z sąsiedniej ulicy, wskoczyli do wozów, podjechali do nich i również przystąpili do akcji. Rezultatem tego zespołowego wysiłku było opanowanie pożaru w ostatniej chwili.

Ludzie przypatrujący się całemu zajściu myśleli: „Wielkie nieba, człowiek, który prowadził pierwszą ciężarówkę, wykazał się niewiarygodną odwagą!" Postanowili więc przyznać mu jakąś specjalną nagrodę, aby wyróżnić go za dzielne przewodzenie całej akcji.

Podczas ceremonii wręczania nagrody burmistrz powiedział:

– Kapitanie, chcielibyśmy pana jakoś uhonorować za fantastyczną odwagę, którą wykazał się pan podczas pożaru. Zapobiegł pan wielkim stratom materialnym, a może nawet ocalił pan ludzkie życie. Jeśli jest coś specjalnego, co chciałby pan mieć, bez względu na cenę, niech pan śmiało o to poprosi.

– Nie powiem, przydałyby mi się nowe hamulce do mojego strażackiego wozu – odparł kapitan bez wahania.

Mike Wickett

Samolot

Tym, czego potrzebujemy, jest więcej ludzi specjalizujących się w niemożliwym.

Theodore Roethke

Zimą 1963 roku jako dwudziestotrzyletni mężczyzna znalazłem się w marynarce Stanów Zjednoczonych w charakterze oficera łączności na pokładzie niszczyciela USS *Eaton.*

O dzień drogi od Cape Hatteras dosięgnął nas kraniec skrzydła huraganu zbliżającego się do wybrzeża i zaczęło nami kołysać. Przez kilka dni rzucało statkiem na wszystkie strony, a w pewnym momencie niemal zmiotło mnie za burtę. Cały czas wymiotowałem. Wreszcie 29 listopada kleszcze huraganu uwolniły nas, my zaś lizaliśmy rany i naprawialiśmy szkody.

Następnego dnia rozbił się i wpadł do wody samolot *Phantom* (Duch).

Wcześniej zamierzałem zaoferować marynarce wojennej swoje usługi właśnie jako pilot takiego samolotu, jednak podczas ostatniego roku nauki w Roanoke pogorszył mi się wzrok i moje marzenie o lataniu na samolotach wojskowych umarło. Ktoś mi wtedy zasugerował, że mógłbym latać jako oficer radarowy, który siedzi za pilotem i obsługuje radar. Wydawało mi się, że to świetny pomysł, dopóki nie dowiedziałem się, że ów oficer jest również odpowiedzialny za komunikację radiową.

Widzicie, moim największym problemem i największą tajemnicą było to, że się jąkałem. Za najtrudniejsze wyrazy do wymówienia uważałem wszystkie te, które zaczynały się od głosek twardych, takich jak „t", „b", „k" albo „g". Żyłem pod presją chronicznego i paraliżującego lęku przed jąkaniem, postanowiłem więc uniknąć potencjalnej zmory związanej z koniecznością nawiązania komunikacji radiowej z pokładu samolotu i zaryzykować służbę na niszczycielu, gdzie, jak miałem nadzieję, nie będę musiał tak wiele mówić.

Rzecz jasna dowództwo marynarki wojennej w swej niewysłowionej mądrości przydzieliło mi stanowisko oficera kontroli lotów. Oto, w jaki sposób po tygodniach z dala od służby, jeszcze zielony na twarzy z powodu huraganu znalazłem się na nocnej służbie, gdy nagle usłyszałem przez radio głos o głębokim tonie.

– Halo, Pustelnik – powiedział głos – tu Sam Climax. Odbiór.

„Pustelnik" to było hasło wywoławcze mojego statku. „Climax" było hasłem wywoławczym najwspanialszego okrętu floty, lotniskowca USS *Enterprise*, który był okrętem flagowym grupy bitewnej eskortowanej przez nas przez Atlantyk. „Sam Climax" oznaczało, że zwraca się do mnie jego kapitan. Serce zabiło mi jak młotem.

– Pustelnik, właśnie przepadł nam gdzieś Foxtrot Cztery w waszym rejonie – powiedział. – Obaj członkowie załogi spadli i zaginęli. – W tłumaczeniu znaczyło to tyle co: Samolot *Phantom* miał kraksę, nasz statek zaś został wyznaczony na koordynatora akcji ratowniczej jako usytuowany najbliżej jego ostatniej znanej pozycji. Oznaczało to, że nagle spłynął na mnie obowiązek przeprowadzenia poszukiwań.

Trudno byłoby znaleźć trudniejsze do wymówienia przeze mnie słowo niż „Climax". Poza tym jako świeżo upieczony absolwent Szkoły Kontroli Lotów nigdy jeszcze nie ponosiłem odpowiedzialności za prawdziwą akcję ratunkową. Mimo to z determinacją, którą zrodziło wyobrażenie sobie ponurego losu dwóch ludzi zanurzonych we wrogich odmętach, energicznie chwyciłem ołówek, wcisnąłem na głowę słuchawki i usadowiłem się przy radarze.

Kiedy uczyliśmy się w Szkole Kontroli Lotów, mówiono nam, że najprawdopodobniej nigdy nie będziemy zmuszeni kontrolować więcej niż cztery czy pięć jednostek lotniczych jednocześnie. W tej chwili jednak prowadziłem dialog z piętnastoma, a niekiedy i dwudziestoma samolotami, przy czym wszystkie zbliżały się do potencjalnie groźnego skomasowania w centrum mojego zasięgu. Prosto z atramentowo czarnej nocy poczęły mnie dochodzić dalekie głosy pilotów marynarki posługujących się pozornie luźnym żargonem, w którym jednak przebijało napięcie:

– Pustelnik, tu Climax dwa-trzy. Mam dwa-cztery i dwa-pięć za sobą. Podaję pozycję. Odbiór.

Podobny dialog trwał jakieś dwadzieścia cztery godziny.

Po jakichś trzech czy czterech godzinach dotarło do mnie, że się nie jąkam. Co więcej, ani przez chwilę nie pomyślałem o tym. Nigdy nie zapomnę tego uczucia zdumienia, radości i wdzięczności, które ogarnęło mnie w tamtym momencie. Pomyślałem sobie, że w takiej sytuacji po prostu „nie mam prawa" się jąkać, kiedy ci dwaj piloci dryfują gdzieś w wodzie i są zdani na mnie. Poraziła mnie wtedy świadomość, iż moje doznanie było doświadczeniem duchowym i zakrętem na mojej drodze życiowej, który ją całkiem odmienił – wydostaniem się z niewoli i chwilą ponownych narodzin.

Jako jedyny kontroler lotów na naszym maleńkim statku musiałem trwać na posterunku dopóty, dopóki noc nie przeszła w dzień, a dzień znów nie dobiegł wieczora.

Tuż o świcie dnia następnego jeden z patrolujących samolotów trafił na coś, lecz okazało się, że są to tylko fragmenty hełmofonu drugiego pilota i krzesło-katapulta. Zaraz potem inny samolot namierzył jednego z pilotów unoszącego się na falach. Udaliśmy się zaraz w ich kierunku, ale Sam Climax wysłał helikopter z *Enterprise*, żeby wyłowić pilota, i nadał do mnie wiadomość: „Brawo Pustelniku Zulusie". W żargonie marynarskim znaczy to tyle, co „dobra robota".

Pojawiliśmy się na miejscu wypadku na krótko po helikopterze i ekipie ratowniczej. Kiedy jednego z pilotów wkładano do podnośnika, udało mu się jakoś skontaktować z naszym statkiem. W głośniku usłyszałem głos swojego kapitana:

– Panie Scherer, jest pan proszony na mostek! Ktoś chce się z panem widzieć.

Kiedy wspinałem się po drabince, słońce zaczęło wschodzić. Helikopter kołysał się jakieś dwadzieścia stóp nad wodą, a pilota właśnie zaczęto unosić.

Popatrzyliśmy jeden na drugiego ponad taflą wody. Uśmiechnąłem się, pomachałem mu i pokazałem uniesione kciuki. Zwisający na sznurze, przemoczony pilot spojrzał na mnie po raz ostatni, zanim zniknął w samolocie, i zasalutował mi. I ja również mu zasalutowałem, a potem zapłakałem. Pomogłem mu odnaleźć jego Ducha. Nie mógł wiedzieć o tym, że i on pomógł mi znaleźć mojego.

John Scherer

Motywacja

Każda nowa idea zostaje najpierw potępiona jako niedorzeczna, później odrzucona jako niewarta uwagi, by w końcu stać się prawdą oczywistą.

William James

– To się nigdy nie sprawdzi w naszej branży! – wykrzyknął Jeff. – Sprzedajemy lekarzom sprzęt medyczny i sam wiesz, że to niesłychanie trudny rynek. Nasi sprzedawcy nie mają więcej niż dziesięć, piętnaście minut na jeden telefon. Muszą być twardzi i szybko przeć do przodu.

Jeff, uczestnik jednego z moich seminariów dla menedżerów sprzedaży, odpowiadał w ten sposób na moje sugestie, że menedżer powinien poszukiwać efektywnych sposobów zwiększania motywacji u swoich pracowników. Mówiłem mu o pewnych działaniach związanych z przygotowaniem do rozmów telefonicznych, takich jak słuchanie taśm motywacyjnych w samochodzie lub stosowanie afirmacji.

– Przecież ci mówię, że takie sentymentalne bzdury nie mają szans na powodzenie w naszym biznesie – powtórzył Jeff.

Mimo to dziesięć dni później zadzwonił do mnie z prośbą, abym wygłosił przemówienie na dorocznym zebraniu menedżerów sprzedaży w jego firmie. Po raz kolejny uwrażliwiał mnie na to, jak trudnym rynkiem zajmują się ci ludzie i jacy bywają czasem bezwzględni i zjadliwi.

Moja prezentacja przebiegła prawidłowo i odkryłem, że pracownicy Jeffa w większości przypominają wszystkich pozostałych sprzedawców, z jakimi dane mi było już pracować. Miał rację tylko co do jednego – faktycznie byli nieco sztywni i nastawieni obronnie.

Kiedy przeszedłem do omówienia pomysłów, które mogliby wykorzystać, by zwiększyć koncentrację na własnym zajęciu i motywację, Jeff zaczął wywracać oczami. Czytałem w jego myślach: „O, nie. Tego na pewno nie kupią!" Uczestnicy grupy reagowali dość opornie i niemrawo, gdy poprosiłem ich, by pomyśleli o różnych możliwościach pozytywnego programowania własnych działań.

Spytałem więc, czy ktokolwiek z nich ma jakieś własne „małe triki", które stosuje, przygotowując się do rozmów. Wtedy siedzący z tyłu sali Bruce podniósł rękę i powiedział, że on właśnie coś takiego stosuje. Pośród zebranych zapadła grobowa cisza. Bruce był w firmie stosunkowo krótko, bo od jakichś kilku miesięcy, a w wynikach pracy bił wszystkich na głowę. W gruncie rzeczy sprzedawał najwięcej ze wszystkich pracowników.

– Zawsze przed rozmową bardzo się denerwuję – wyznał. – Nie chcę wszystkiego popsuć, więc zanim podniosę słuchawkę, stosuję taki swój mały rytuał.

– Czy mógłbyś nam o nim opowiedzieć? – poprosiłem.

– Pewnie. Przez kilka minut siedzę spokojnie w samochodzie i wykonuję ćwiczenie oddechowe. Czy mógłbym je wszystkim zademonstrować?

Bruce postawił krzesło na środku, tak żeby wszyscy mogli go dobrze widzieć, usiadł i opisał, w jaki sposób wdycha dobrą, błękitną energię, która płynie od stóp, przez nogi, aż do płuc. Potem wydychał czerwone powietrze, wyrzucając wraz z nim z ciała całe napięcie i zdenerwowanie. Napięcie zastępował pozytywnymi afirmacjami do momentu, w którym całe wychodzące z niego powietrze nabrało niebieskiej barwy. Przy wdechu i wydechu towarzyszyło mu dość głośne „Ummmm..." Powtórzył dla nas w ten sposób całe ćwiczenie kilka razy i stwierdził:

– Tak właśnie robię.

W sali nadal panowało całkowite milczenie. Spojrzałem na Jeffa, który wyglądał tak, jakby miał za chwilę paść trupem. „Nie waż się pisnąć ani słowa na temat tego, co ci wygadywałem", mówiła postawa jego ciała. Z przyjemnością rzuciłbym mu coś w rodzaju: „Ha! A nie mówiłem?!" Tak naprawdę nie powiedziałem nic podobnego. Wydaje mi się, że i tak załapał, o co chodzi.

Podziękowałem Bruce'owi i zapytałem, czy ktoś jeszcze stosuje jakieś sposoby przygotowania się do rozmów. Wtedy wstał David, drugi najlepszy sprzedawca obsługujący rejon Manhattanu, który uchodził za „najtrudniejszy rynek w firmie". David opowiedział, jak słucha na kompakcie w swoim wozie pewnego utworu Mozarta, który pomaga mu się rozluźnić, skoncentrować i „umocnić w swoim wnętrzu pewność i determinację". Po nim wypowiedziało się jeszcze dwóch innych pracowników.

Rok później otrzymałem świetny list od prezesa firmy Jeffa opisujący zwiększenie sprzedaży w okresie po naszym spotkaniu i wyrażający podziękowanie za mój wkład w sukces przedsiębiorstwa. Nadmieniano w nim o technikach sprzedaży, które omawiałem, ja jednak jestem przekonany, że najważniejsze wnioski i pomysły, które przyczyniły się do sukcesu, pochodziły od samych pracowników.

Mike Stewart

Przypadkowo
przesłuchałem swoje
taśmy motywacyjne
od tyłu do przodu
i poniosłem klęskę.
Proszę o pomoc.
GLASBERGEN

Kredyt, a nie jałmużna

Wielkich rzeczy dokonują ludzie, którzy mają wielkie myśli, po czym wychodzą ku światu, by urzeczywistnić swoje marzenia.

Ernest Holmes

Grameen Bank wywodzi się z kieszeni jednego człowieka – doktora Mohammada Yunusa. Jego historia rozpoczyna się w 1972 roku, rok po wojnie, w której Bangladesz wyzwolił się spod panowania Pakistanu. Yunus ukończył właśnie studia doktoranckie na Vanderbilt University w Stanach Zjednoczonych i zaczął wykładać w college'u w Tennessee, kiedy to zaproponowano mu stanowisko szefa wydziału ekonomii na Chittagong University w południowo-wschodnim Bangladeszu.

Wrócił więc w rodzinne strony pełen wzniosłych nadziei, jakie wzbudziło w nim odzyskanie niepodległości. Ku jego zdumieniu, kraj gwałtownie pogrążał się w otchłani kryzysu. W 1974 roku doświadczył tak straszliwej klęski głodu, że ludzie umierali na ulicach. Yunus nauczał ekonomii rozwojowej i jego frustracje, związane z rozdźwiękiem między tym, czego uczył, a tym, co widziano za oknami sali wykładowej, stale się powiększały. Postanowił więc uczyć ekonomii zgodnej z rzeczywistością, takiej, która naprawdę towarzyszyła ludzkiemu życiu.

Ponieważ Chittagong University mieści się w wiejskiej okolicy, Yunus często wychodził na spacery i miał okazję przyjrzeć się, jak rzeczywiście żyje Bangladesz. Zaczął wędrować do wiosek i rozmawiać z biedakami, usiłując dociec, dlaczego nie są w stanie zmienić warunków swego życia. Nie szedł do nich jako wykładowca czy badacz, ale po prostu jako człowiek i sąsiad.

Któregoś dnia spotkał kobietę, która zarabiała jedynie dwa pensy dziennie, wyplatając bambusowe stołki. Nie mógł uwierzyć, że ktoś może, tak ciężko pracując, zarabiać tak niewiele. Gdy zaczął ją rozpytywać, odkrył, że nie ma nawet pieniędzy, żeby kupić w sklepie bambus, więc pożycza je od handlarza, który kupuje od niej gotowe wyroby za cenę, która z ledwością pokrywa koszty materiału. W istocie pracowała niemal za darmo, jak prawdziwy niewolnik.

Cóż, pomyślał Yunus. Nietrudno ten problem rozwiązać. Gdyby kobieta miała pieniądze na kupno bambusa, mogłaby sprzedawać swoje wyroby tam, gdzie otrzymałaby za nie dobrą cenę. Yunus i jego student przez kilka dni chodzili po wsi, chcąc się dowiedzieć, czy są tam inni ludzie w podobnym położeniu, którzy pożyczają od handlarzy i tracą większość uczciwie im się należącego zarobku. W ciągu tygodnia sporządzili czterdziestodwuosobową listę. Całkowita kwota, jakiej potrzebowali ci ludzie, wynosiła trzydzieści dolarów.

W pierwszym odruchu Yunus miał zamiar wyłożyć tę sumę z własnej kieszeni i poprosić studenta, by rozdzielił ją między wieśniaków w formie pożyczki. Potem pomyślał jednak, że nie jest to dobre rozwiązanie, ponieważ inni chłopi potrzebujący pieniędzy nie będą się do niego zwracać, gdyż nie zajmuje się finansami. Wtedy właśnie zaświtał mu pomysł założenia banku.

Najpierw zwrócił się do pewnego dyrektora banku, który uważał jego pomysł za tak śmieszny, że nawet niewart rozważenia. Pożyczki tej wysokości nie były warte nawet papierkowej roboty z nimi związanej, poza tym biedacy nie mogli liczyć na żadnych poręczycieli. Yunus chodził od banku do banku i wszędzie otrzymywał tę samą odpowiedź. Wreszcie w którymś z banków zaproponował, że on sam poręczy za wszystkie pożyczki. Po sześciu miesiącach bank z oporami wyraził zgodę na pożyczkę w wysokości trzystu dolarów.

Pożyczone pieniądze już wkrótce zostały zwrócone. Raz jeszcze Yunus poprosił bank o pożyczenie pieniędzy już bezpośrednio potrzebującym i raz jeszcze mu odmówiono, twierdząc, że nie powiedzie się to w więcej niż jednej wsi. Mimo to doktor nalegał. Wkrótce wierzycielami stali się już mieszkańcy kilku wiosek. Cała sprawa odbywała się bez zarzutu, jednak bankierzy wciąż nie byli usatysfakcjonowani. Wreszcie w banku brali pożyczki chłopi z całego dystryktu i system wciąż funkcjonował doskonale, ale bankierzy pozostali nieugięci.

W końcu Yunus stwierdził:

– Dlaczego muszę polegać na tych upartych bankierach? A może by tak założyć własny bank i raz na zawsze sprawę załatwić?

W 1983 roku rząd wydał mu zezwolenie na założenie banku, który dziś nosi nazwę Grameen Bank. Instytucja udziela pożyczek jedynie najbiedniejszym ludziom w Bangladeszu – takim, którzy nie posiadają dóbr ziemskich ani żadnego majątku.

Obecnie Grameen Bank ma tysiąc czterdzieści osiem filii i ponad dwa miliony wierzycieli. Oddziały pracują w trzydziestu pięciu tysiącach wiosek. Bank rozdysponował już ponad miliard dolarów, przy czym wysokość przeciętnej pożyczki wynosi w nim sto pięćdziesiąt dolarów. Nie tylko pożycza pieniądze najbiedniejszym, lecz jest również ich własnością, ponieważ pożyczkobiorcy zostają jego udziałowcami. W grupie dwóch milionów wierzycieli dziewięćdziesiąt procent stanowią kobiety, co jak na Bangladesz jest rzeczą niesłychaną.

Pomysł owego banku naśladowano na całym świecie. Yunus podkreśla, iż na każdym kroku wmawiano mu, że cała sprawa się nie powiedzie i podawano niezwykle przekonujące powody. Jak jednak wskazuje rzeczywistość, bank działa i radzi sobie w znakomity, czasem wręcz nieoczekiwany sposób.

wyjątki z przemówienia i wywiadu radiowego
z Mohammadem Yunusem
w „Lapis Magazine"

Pytanie

Ruszaj! Oczekuje cię lepszy los.

Victor Hugo

Czy to nie zdumiewające, że tak niewielu z nas zadaje sobie najważniejsze pytanie?

Kilka lat temu zaproszono mnie, bym wysłuchał przemowy adresowanej do studentów niewielkiego college'u w Karolinie Południowej. Nad audytorium unosił się nastrój podniecenia spowodowany możliwością wysłuchania tak znamienitego gościa. Po kilku słowach przywitania wygłoszonych przez dyrektora, mówczyni podeszła do mikrofonu, ogarnęła wzrokiem publiczność i zaczęła:

– Moja matka była osobą głuchoniemą, ojca nie znam. Pierwszą pracą, jaką kiedykolwiek wykonywałam, było zbieranie bawełny.

Słuchacze zastygli, jakby ktoś rzucił na nich urok.

– Nic nie musi pozostać tak, jak jest, jeśli dana osoba tego nie chce – kontynuowała kobieta. – Żaden los, okoliczności czy miejsce urodzenia nie decydują, że czyjaś przyszłość wygląda tak, a nie inaczej. Nic nie musi pozostać takie, jakie jest, jeśli dana osoba tego nie chce – powtórzyła miękko. – Jedyną rzeczą, jaką trzeba zrobić – dodała pewnym głosem – aby zmienić sytuację, która wywołuje poczucie nieszczęścia i braku zadowolenia, jest odpowiedź na pytanie: „Jak, moim zdaniem, ta sytuacja powinna wyglądać?" Potem należy się całkowicie zaangażować w działania, które mają przynieść zmiany.

Następnie z przepięknym uśmiechem wyznała:

– Nazywam się Azie Taylor Morton i stoję tu dziś przed wami jako minister skarbu Stanów Zjednoczonych Ameryki.

Bob Moore

Amerykańskie marzenie Tony'ego Trivisonno

Nasze wysiłki tylko wtedy zostaną nagrodzone, jeśli się nie poddamy.

Napoleon Hill

Pochodził z kamienistej włoskiej farmy leżącej gdzieś na południe od Rzymu. Nie mam pojęcia, kiedy i jak dostał się do Ameryki, jednak pewnego wieczoru zastałem go na podjeździe za moim garażem. Mierzył jakieś pięć stóp i siedem albo osiem cali i był raczej chudy.

– Kosić ci trawę – powiedział.

Trudno było zrozumieć jego łamaną angielszczyznę. Spytałem, jak się nazywa.

– Tony Trivisonno – odpowiedział. – Kosić ci trawę.

Poinformowałem Tony'ego, że nie stać mnie na ogrodnika.

– Kosić ci trawę – powtórzył i poszedł sobie.

Wróciłem do domu przygnębiony. To prawda, czasy Wielkiego Kryzysu nie należały do łatwych, ale jak mogłem odesłać z kwitkiem kogoś, kto zwrócił się do mnie o pomoc?

Kiedy wróciłem z pracy następnego popołudnia, odkryłem, że trawnik jest skoszony, ogród wypielony, a ścieżki zagrabione. Spytałem żonę, co się stało.

– Jakiś człowiek wyciągnął kosiarkę z garażu i zabrał się do pracy w ogrodzie – wyjaśniła. – Myślałam, że go wynająłeś.

Opowiedziałem jej o mojej wczorajszej rozmowie z Tonym. To, że nie poprosił o wynagrodzenie, wydało nam się dziwne.

Przez następne dwa dni byłem dość zajęty i zupełnie o nim zapomniałem. W firmie trwała restrukturyzacja i przenosiliśmy część pracowników do innych ośrodków. Jednak gdy w piątek wracałem do domu nieco wcześniej, znów dostrzegłem Tony'ego w pobliżu garażu. Wygłosiłem kilka komplementów na temat jego pracy.

– Kosić ci trawę – powiedział tylko.

Udało mi się wyasygnować dla niego niewielką tygodniówkę i od tego czasu Tony każdego dnia wykonywał jakieś drobne prace na podwórku i w ogrodzie. Żona stwierdziła, że jest bardzo pomocny przy przenoszeniu ciężkich przedmiotów i naprawach.

Lato zastąpiła jesień i nadeszły chłodne, wietrzne dni.

– Panie Craw, już niezadługo śnieg – oznajmił Tony któregoś wieczoru. – Kiedy zima przyjść, pan mi dać odśnieżać w fabryce.

No i cóż było robić w obliczu takiego uporu i niegasnącej nadziei? Rzecz jasna, Tony otrzymał swoje zajęcie w fabryce.

Mijały miesiące. Kiedy poprosiłem dział kadr o raport, okazało się, że Tony jest doskonałym pracownikiem.

Pewnego dnia zobaczyłem go na naszym punkcie zbornym przy garażu.

– Chcę być czeladnikiem – powiedział.

Mieliśmy niezłą szkołę czeladniczą, która szkoliła robotników, wątpiłem jednak, czy Tony będzie umiał odczytywać plany i wskazania mikrometru lub wykonywać precyzyjne prace. Lecz czy mogłem mu odmówić?

By zostać czeladnikiem, Tony musiał zaakceptować obcięcie pensji. Po kilku miesiącach otrzymałem informację, że ukończył szkołę jako wykwalifikowany szlifierz. Nauczył się odczytywać na mikrometrze milionowe części cala i obracać na kole urządzenie z diamentową częścią. Oboje z żoną bardzo cieszyliśmy się tym, co uważaliśmy za szczęśliwe zakończenie całej historii.

Po jakichś dwóch latach znów spotkałem Tony'ego w miejscu, gdzie zwykle na mnie czekał. Porozmawialiśmy chwilę o jego pracy i zapytałem, czego potrzebuje.

– Panie Craw – powiedział. – Chcieć kupić dom. – Gdzieś na peryferiach miasta znalazł na sprzedaż jakąś kompletną ruinę.

Zadzwoniłem do przyjaciela, który pracował w banku.

– Czy kiedykolwiek udzielacie pożyczek, za poręczenie mając jedynie charakter? – spytałem.

– Nie – odpowiedział. – Na to nas nie stać. Towar mało chodliwy.

– Chwileczkę – nalegałem. – Mam tu ciężko pracującego człowieka z charakterem. Mogę za niego ręczyć. Ma dobrą pracę. Przecież teraz z tej ruiny nie macie centa zysku, a on zostanie tam przez całe lata. Przynajmniej opłaci procenty.

Bankier z oporami wystawił hipotekę na dwa tysiące dolarów i dał Tony'emu dom bez zaliczki. Tony nie posiadał się ze szczęścia. Od tamtego momentu wszystkie wyrzucone przez nas graty – kawałki płyt, jakieś rurki czy pudła – wędrowały do jego domu.

Po dwóch latach znów stał obok mojego garażu. Miał dumnie uniesioną głowę, był trochę grubszy i patrzył na mnie z o wiele większą pewnością w oczach.

– Panie Craw, sprzedaję dom! – stwierdził z dumą. – Dostałem osiem tysięcy dolarów.

Nie posiadałem się ze zdumienia.

– No dobrze, Tony, ale gdzie będziesz mieszkał?

– Kupuję farmę, proszę pana.

Usiedliśmy, żeby porozmawiać. Tony wyznał mi, że posiadanie farmy było jego największym marzeniem.

Uwielbiał pomidory, paprykę i inne nieodłączne składniki włoskiej kuchni. Posłał już po żonę i dzieci, które miały z nim wreszcie zamieszkać. Długo szukał na obrzeżach miasta, aż wreszcie znalazł niewielki, opuszczony kawałek ziemi z domem i stodołą. W tej chwili ściągał już na farmę swoją rodzinę.

Jakiś czas później, w niedzielne popołudnie, Tony odwiedził mnie odświętnie ubrany. Był z nim jakiś inny Włoch – przyjaciel z dzieciństwa, którego namówił na przyjazd do Ameryki. Na razie Tony go sponsorował. Z błyskiem w oku opowiedział mi, że kiedy jego przyjaciel zobaczył świeżo nabytą, maleńką farmę, stanął w zdumieniu i krzyknął:

– Tony, przecież ty jesteś milionerem!

Po jakimś czasie, podczas wojny, otrzymałem z firmy wiadomość, że Tony nie żyje. Poprosiłem naszych ludzi, żeby sprawdzili, jak się ma jego rodzina i czy ze wszystkim sobie radzi. Okazało się, że na farmie zieleniły się warzywa, a mały domek tętnił życiem. Na podwórku stał traktor i dobry wóz. Dzieci Tony'ego wykształciły się i miały dobrą pracę, a przecież ich ojciec dawniej nie miał ani centa.

Po śmierci Tony'ego rozmyślałem coraz więcej o jego karierze. Urósł w mojej głowie do rozmiarów prawdziwego potentata, aż wreszcie stał już tak prosto i dumnie niczym największy amerykański przedsiębiorca.

Wszyscy oni osiągnęli sukces, idąc tą samą drogą i kierując się tymi samymi wartościami i zasadami: wizją, uporem, wytrwałością, samokontrolą, optymizmem, szacunkiem do samego siebie i przede wszystkim konsekwencją.

Tony nie zaczynał nawet od najniższego szczebla drabiny. Początki jego kariery miały miejsce w piwnicy. Jego interesy miały maleńki zakres, a sprawy wielkich potentatów przybierają ogromny zasięg, jednak wypracowane sumy były tego samego rzędu. Jedyną różnicę stanowiło miejsce przecinka.

Tony Trivisonno przybył do Ameryki w pogoni za amerykańskim marzeniem. Nie znalazł go jednak, ale sam je stworzył. Wszystkim, co posiadał, były dwadzieścia cztery drogocenne godziny doby i, dalibóg, nie zmarnował ani jednej.

Frederick C. Crawford

Wspaniały interes

Komedia to odgrywanie optymizmu.

Robin Williams

Moi rodzice, niech ich Bóg błogosławi, jako dzieci przeżyli holokaust. Po przyjeździe do Ameryki w 1947 roku ojciec pracował w pocie czoła, by już wkrótce mieć swój własny stragan z warzywami i owocami.

Ich dziecięce doświadczenia nie zawierały lekcji gotowania, więc moi rodzice nauczyli się gotować dopiero w Ameryce. Jedynym osiągnięciem kulinarnym ojca były jajka na twardo i to przeważnie przegotowane. Matka z łatwością wyprzedziła go w tej dziedzinie. Jeśli sytuacja ją do tego zmuszała, potrafiła przyrządzić siedem różnych posiłków, w rzeczywistości jednak tylko dwa z nich robiła naprawdę dobrze: spaghetti i klopsiki mięsne, co zresztą zawdzięczała cierpliwości starszych Włoszek z sąsiedztwa. Ale i tak najlepiej wychodził jej rosół. Ponieważ miała dostęp do wszelkich jarzyn we własnym sklepiku, wrzucała do niego najbardziej niespotykane składniki, takie jak pasternak albo korzeń pietruszki. Jednak składnikiem, który najbardziej odróżniał rosół mamy od wszystkich innych, jakie jadłem, był świeży koper.

Mama zawsze gotowała swój rosół we właściwym czasie. Tak naprawdę rzadko przyrządzała go, gdy ktoś już był chory, bo instynktownie wiedziała, kiedy potrzebujemy go jako środka zapobiegawczego. Dziwnym trafem orientowała się również w tym, że nadchodzą ciężkie czasy. Gdy w domu pojawiała się wataha sprzedawców, u których zalegaliśmy z płatnościami, w kuchni czekał już kojący jak balsam garnek rosołu. Niech się psują zamrażarki, niech dzwoni urząd podatkowy, a pracownicy odejdą bez wypowiedzenia! My jedliśmy rosół pachnący świeżym koprem i wszystko było w porządku!

Wiele lat później należący do rodziców sklep na Long Island doszczętnie spłonął. Nie mieli innego wyjścia, jak tylko porzucić handel detaliczny i skupić się na założeniu hurtowni w New York City. Zrobili to z właściwą sobie energią i już po kilku latach wiodło im się zupełnie nieźle. Wyspecjalizowali się w sprzedaży niezwykłych towarów tylko dla smakoszy – należał do nich między innymi świeży koper.

Którejś zimy wybrali się na wakacje, żeby trochę wypocząć i podreperować zdrowie. Wtedy razem z bratem polecieliśmy do Nowego Jorku, żeby czuwać nad ich interesami. Tak się złożyło, że w drugim tygodniu Południe nawiedziły silne mrozy i całe zasiewy kopru zostały doszczętnie zniszczone, a zapotrzebowanie nań było ogromne. Wprost słyszało się rozpaczliwe wołanie matek z odległości setek mil.

Na szczęście obaj z bratem mieliśmy różne znajomości. Dawniej mieszkaliśmy w Kalifornii i znaliśmy tam paru hodowców kopru. W ciągu kilku godzin zorganizowaliśmy kilka statków z ładunkiem kopru, które przypłynęły do Nowego Jorku. Jako jedyni posiadaliśmy więc jego zapas i mimo że ładunek nie był duży, zrobiliśmy na nim wspaniały interes!

Kiedy rodzice wrócili z wakacji, opaleni i wypoczęci, śmiejąc się, że udało im się uniknąć najgorszej pogody, jaką Nowy Jork oglądał po raz pierwszy od dziesiątków lat, nie posiadali się z radości, gdy usłyszeli naszą opowieść.

Po kilku latach obaj z bratem mieliśmy kłopoty w interesach. Bardzo się martwiliśmy, zapominając, że w biznesie albo się jest na wozie, albo pod wozem (jedno z ulubionych określeń taty) i że nie jest on najważniejszą sprawą w życiu.

Pewnego wieczoru, gdy czuliśmy się szczególnie przybici, otrzymaliśmy paczkę od rodziców przebywających teraz w ich nowym domu w Dominikanie. Nie było w niej żadnego listu, a jedynie piękna drewniana plakietka z wyrzeźbionymi słowami: NIE MARTW SIĘ – ZJEDZ ROSÓŁ Z KOPREM. I wiecie co? Naprawdę przestaliśmy się przejmować.

Aaron Zerah

Podróż przyjaźni

W obliczu miłości zdarzają się cuda.

Robert Schuller

Curt i ja dzielimy ten rodzaj przyjaźni, której doświadczenia życzyłbym każdemu człowiekowi. Obejmuje ona partnerstwo w pełnym tego słowa znaczeniu, zaufanie, troskę, chęć podejmowania ryzyka oraz wszystko inne, co przyjaźń może w sobie zawrzeć w tych pełnych pośpiechu i ciężkich czasach.

Nasza przyjaźń zaczęła się przed wielu laty. Spotkaliśmy się jako uczniowie dwóch różnych liceów i rywalizowaliśmy w sporcie w przeciwnych drużynach, zawsze pełni szacunku dla osiągnięć przeciwnika. W miarę upływu lat staliśmy się najlepszymi kumplami. Curt był drużbą na moim ślubie, a ja na jego, gdy żenił się z współlokatorką mojej siostry. Został również ojcem chrzestnym mojego syna Nicholasa. Mimo to zdarzenie, które najdobitniej ukazało naszą zażyłość i scementowało przyjaźń, miało miejsce dwadzieścia pięć lat temu, gdy byliśmy jeszcze beztroskimi dwudziestolatkami.

Obaj z Curtem byliśmy na przyjęciu w okręgowym klubie pływackim. Curt w jednym z konkursów wygrał piękny nowy zegarek. Kiedy szliśmy w stronę wozu, żartując na temat przyjęcia, mój przyjaciel odwrócił się do mnie i powiedział:

– Stary, wypiłeś kilka drinków. Może ja poprowadzę?

Początkowo sądziłem, że żartuje, ale że Curt zdecydowanie był tym rozsądniejszym z naszej dwójki, zaakceptowałem jego trzeźwy osąd.

– Świetny pomysł – zgodziłem się i rzuciłem mu kluczyki.

Kiedy usadowiłem się na siedzeniu pasażera, a on za kierownicą, Curt powiedział:

– Będę potrzebował twojej pomocy, bo nie wiem dokładnie, jak się stąd do ciebie dostać.

– Żaden problem – odpowiedziałem.

Curt włączył silnik i ruszyliśmy – zresztą nie bez kilku kaszlnięć, zatrzymań i szarpnięć. Następne dziesięć mil wydawało się rozciągać na sto, gdy wciąż udzielałem Curtowi wskazówek – teraz w lewo, zwolnij, zaraz skręt w prawo, przyspiesz i tak dalej. Najważniejsze, że tamtej nocy wróciliśmy do domu bezpiecznie.

Po dziesięciu latach na moim weselu Curt wywołał łzy u ponad czterystu gości, opowiadając o naszej przyjaźni i o tym, jak wracaliśmy z przyjęcia tamtej nocy. Dlaczego było to tak niesamowite? Przecież każdy z nas może zaoferować komuś kluczyki, gdy czujemy, że nie powinniśmy prowadzić. Ale widzicie, mój przyjaciel Curt jest niewidomy od urodzenia i nigdy przed tamtym wieczorem nie siedział za kierownicą.

Obecnie Curt jest jednym z dyrektorów General Motors w Nowym Jorku, ja zaś podróżuję po kraju, inspirując sprzedawców, aby nawiązywali długotrwałe stosunki partnerskie i przyjaźnie z klientami. Nasza chęć podejmowania ryzyka i wzajemne zaufanie nieustannie przydają znaczenia oraz radości tej wspaniałej podróży, jaką jest przyjaźń.

Steven B. Wiley

8

Odwaga

Nie bój się wspiąć na sam czubek drzewa.
To tam właśnie rosną najpiękniejsze owoce.

Anonim

Billy

Wszystkie najważniejsze bitwy prowadzimy w sobie.

Sheldon Koggs

Kilka lat temu (w latach 1983–1987) miałem okazję grać rolę Ronalda McDonalda w McDonald's Corporation. Mój rynek rozciągał się na całą Arizonę i kawałek południowej Kalifornii.

Jedną z naszych zwyczajowych imprez był Dzień Ronalda. Raz w miesiącu odwiedzaliśmy tyle szpitali, ile tylko mogliśmy, wnosząc odrobinę radości do miejsca, gdzie nikt nigdy nie udaje się z chęcią. Byłem bardzo dumny z tego, że mogę zmienić coś w życiu dzieci i dorosłych, którzy przechodzili ciężkie dni. Ciepło i otrzymywane od nich wyrazy wdzięczności towarzyszyły mi potem przez wiele tygodni. Uwielbiałem to przedsięwzięcie, tak samo podobało się ono firmie McDonald's, dzieciom, dorosłym i pracownikom szpitala.

Podczas każdej z takich wizyt obowiązywały mnie dwie naczelne zasady. Po pierwsze, nie mogłem się poruszać po szpitalu bez towarzystwa pracowników firmy McDonald's i kogoś z personelu lekarskiego. Dzięki temu, gdybym, wchodząc do jakiejś sali, przestraszył dziecko, ktoś mógł zaraz sprawę załagodzić. Po drugie, nie mogłem dotykać nikogo nawet jednym palcem, żeby nie przenosić bakterii z jednego pacjenta na innego. Rozumiałem wprawdzie konieczność owej zasady, ale jej nie lubiłem. Moim zdaniem, dotyk to najbardziej uczciwa forma komunikacji, jaką kiedykolwiek poznamy. Słowo mówione i pisane może kłamać, natomiast serdeczny uścisk nigdy nie oszukuje.

Poinformowano mnie, że złamanie którejś z tych zasad może się dla mnie równać z utratą pracy.

Pod koniec czwartego roku mojej „Ronaldowej" kariery, gdy po ciężkim dniu szedłem sobie korytarzem i ocierałem tłustą od makijażu twarz, usłyszałem wołanie:

– Ronaldzie, Ronaldzie!

Przystanąłem. Miękki szept dobiegał zza lekko uchylonych drzwi. Pchnąłem je i ujrzałem małego, może pięcioletniego chłopca w ramionach ojca, podłączonego do takiej ilości aparatury medycznej, jakiej jeszcze nie widziałem. Po przeciwnej stronie łóżka siedziała mama z dziadkami, kręciła się tam też pielęgniarka, która ustawiała aparaty.

Atmosfera pokoju podpowiedziała mi, że sytuacja jest poważna. Chłopiec powiedział, że na imię ma Billy, a ja wykonałem dla niego kilka prostych sztuczek. Żegnając się, spytałem go, co jeszcze mogę dla niego zrobić.

– Czy mógłbyś mnie przytulić, Ronaldzie?

Taka prosta prośba. Mimo to przez głowę przebiegła mi myśl, że jeśli go dotknę, mogę stracić pracę. Powiedziałem mu więc, że w tej chwili nie mogę tego zrobić, ale możemy razem pokolorować obrazek. Pod koniec malowania wspaniałego dzieła sztuki, z którego obaj byliśmy niezwykle dumni, ponowił swoją prośbę. W tamtej chwili moje serce krzyczało „tak!", ale umysł jeszcze głośniej oponował: „Nie! Możesz stracić pracę!"

Za drugim razem, gdy Billy wyraził swoją prośbę, musiałem się naprawdę zastanowić, dlaczego nie mogę zrobić przyjemności małemu chłopcu, który prawdopodobnie już nigdy nie wróci do domu. Pytałem samego siebie, dlaczego cierpię na rozdarcie między rozsądkiem a uczuciami, jakiego jeszcze nigdy nie doświadczałem.

„Przytul mnie" – jak prosta to prośba, a mimo to... Poszukiwałem jakiegoś rozsądnego pretekstu, który pozwoliłby mi wyjść, ale nic nie przychodziło mi do głowy. Dobrą chwilę zabrało mi uświadomienie sobie faktu, iż w tej sytuacji utrata pracy może wcale nie być aż taką tragedią, jak mi się wydawało.

Czy utrata pracy to coś aż tak potwornego?

Czy miałem wystarczająco dużo wiary w siebie, by w przypadku utraty obecnego zajęcia pozbierać się i rozpocząć od nowa? Odpowiedzią było wielkie, głośne i afirmujące „tak!" Mogłem pozbierać się i zacząć od nowa.

Cóż więc ryzykowałem?

To, że w razie utraty pracy najprawdopodobniej już wkrótce będę mógł się pożegnać z samochodem, a potem z domem... a jeśli mam być zupełnie szczery, byłem do nich dosyć przywiązany. Pojąłem jednak, że u schyłku mego życia ani samochód, ani dom nie będą dla mnie przedstawiały żadnej wartości. Jedyną rzeczą, która ma wartość nieprzemijającą, są doświadczenia. Gdy tylko przypomniałem sobie, że powodem mojego przebywania w szpitalnym pokoju jest chęć rozproszenia atmosfery nieszczęścia odrobiną radości, dotarło do mnie, iż w gruncie rzeczy nie ryzykuję nic.

Posłałem mamę, tatę i dziadków na korytarz, a swoją eskortę z McDonald's odprawiłem do auta. Pielęgniarka od aparatury musiała zostać, ale Billy poprosił, żeby na chwilę stanęła twarzą do ściany. Wziąłem na ręce tego małego człowieka. Był taki kruchy i przestraszony. Zaśmiewaliśmy się i płakaliśmy razem jakieś czterdzieści pięć minut, rozmawialiśmy też o wszystkim, czym się martwił.

Billy obawiał się, że jego młodszy braciszek może się zgubić, kiedy będzie sam wracał z przedszkola w przyszłym roku, bo Billy nie będzie mu pokazywał drogi. Martwił się też, że jego pies nie dostanie następnej kości, gdyż przed pójściem do szpitala schował je wszystkie gdzieś w swoim pokoju i nie pamiętał gdzie.

Oto wielkie problemy małego chłopca, który wiedział, że już nie wróci do domu.

Wychodząc z pokoju, otarłem łzy spływające mi po umalowanej twarzy, podałem rodzicom Billy'ego swój numer telefonu i prawdziwe nazwisko (kolejny powód natychmiastowego zwolnienia dla Ronalda, ale wydawało mi się, że i tak nie mam już nic do stracenia) i powiedziałem, że jeśli ja czy ktokolwiek inny z McDonald's Corporation mógłby coś dla nich zrobić, niech dadzą nam znać. Po czterdziestu ośmiu godzinach zadzwoniła do mnie mama Billy'ego i powiedziała, że jej synek odszedł na zawsze. Jego rodzice po prostu chcieli mi podziękować za to, że rozświetliłem mu ostatnie godziny życia.

Kobieta opowiedziała mi też, że zaraz po moim odejściu Billy spojrzał na nią i powiedział:

– Mamusiu, nie dbam już o to, czy zobaczę w tym roku Świętego Mikołaja, bo przytulił mnie sam Ronald McDonald.

Są takie momenty, gdy musimy uczynić coś, czego wymaga od nas dana chwila, bez względu na przewidywane ryzyko. Jedynie doświadczenia mają jakąkolwiek wartość, najczęstszą zaś przyczyną tego, iż ludzie ograniczają własne doświadczenia, jest właśnie związane z nimi ryzyko.

Dla porządku powiem, że firma McDonald's dowiedziała się o mnie i Billym, jednak zważywszy na okoliczności, pozwolono mi pozostać w pracy. Byłem Ronaldem jeszcze przez rok, dopóki nie opuściłem firmy, by dzielić się opowieścią o Billym i o tym, jak ważną rzeczą jest decydowanie się na ryzyko.

Jeff McMullen

„Gdybym naprawdę coś znaczył..."

Nikt nigdy nie odkrywa, że życie jest czymś wartościowym – należy je takim uczynić.

Anonim

Podczas jednego z moich warsztatów pod hasłem „Ośmiel się nadać znaczenie" poprosiłam uczestników, żeby przez cały kolejny tydzień angażowali się w pełni w swoją pracę. Poinstruowałam ich, aby „działali tak, jakby ich postępowanie naprawdę zmieniało sytuację dookoła nich". Kluczowym pytaniem, jakie mieli sobie zadawać przez cały tydzień, było:

„Co bym robił, gdybym naprawdę coś tu znaczył?"

Następnie mieli się zabrać do robienia tego.

Peggy odpowiedziała na to zadanie z wielką niechęcią. Narzekała, że nienawidzi swojej pracy w biurze prasowym i po prostu przeczekuje tam tylko, dopóki nie znajdzie jakiegoś nowego zajęcia. Każdy dzień był dla niej męczarnią i udręczona patrzyła, jak wskazówki zegara odmierzają osiem boleśnie długich godzin. Z ogromnym sceptycyzmem zgodziła się wreszcie, że przez tydzień spróbuje angażować się w swoją pracę w stu procentach, tak jakby naprawdę coś od niej zależało.

Kiedy na następnym spotkaniu Peggy weszła do sali, nie mogłam się wprost nadziwić energii, jaka biła z jej postaci. Z podnieceniem w głosie relacjonowała nam wydarzenia ubiegłego tygodnia.

– Pierwszym krokiem, jaki uczyniłam, było udekorowanie ponurego biura roślinami i plakatami. Potem zaczęłam naprawdę zwracać uwagę na ludzi, z którymi pracuję. Jeśli ktoś wyglądał na przygnębionego, pytałam, czy coś się stało i czy nie potrzebuje pomocy. Kiedy wychodziłam na kawę, zawsze pytałam, czy mogłabym innym coś przynieść. Prawiłam ludziom komplementy i dwie osoby zaprosiłam na lunch. Szefowej napomknęłam coś bardzo pozytywnego o jednej z koleżanek (zwykle promuję tylko siebie!).

Następnie Peggy zadała sobie pytanie, w jaki sposób mogłaby uczynić coś dla samej firmy.

– Przede wszystkim przestałam narzekać na pracę; nagle dotarło do mnie, jaka ze mnie okropna zrzęda! Zaczęłam od siebie i wyszłam z kilkoma dobrymi pomysłami, które już zaczęłam wdrażać.

Codziennie Peggy sporządzała listę rzeczy, które chciała osiągnąć, i zabierała się do ich realizacji.

– Byłam naprawdę zaskoczona, widząc, jak wiele mogę zdziałać w ciągu jednego dnia, jeśli się w pełni skoncentruję na tym, co robię! – stwierdziła. – Zauważyłam też, że czas upływa mi niezwykle szybko, kiedy się angażuję. Na biurku postawiłam kartkę z napisem: „Co bym zrobiła, gdybym naprawdę coś tu znaczyła?" i za każdym razem, kiedy popadałam w stare schematy nudy i narzekań, napis przypominał mi, co mam robić. To mi bardzo pomogło.

Jak wielkie zmiany spowodowało jedno proste pytanie, i to w ciągu zaledwie tygodnia! Sprawiło, że Peggy poczuła się związana z innymi ludźmi i ze swoją firmą. Bez względu na to, czy zdecydowała się zmienić pracę, czy nie, nauczyła się skutecznego sposobu na odmianę jakiegokolwiek miejsca pracy.

Susan Jeffers

Właśnie ta chwila

Musisz to zrobić samodzielnie, lecz nie możesz tego dokonać sam.

Martin Rutte

Moja matka jest nauczycielką, więc dorastałem w klimacie trudności i wyzwań, z którymi nauczycielowi jest dane się zmierzyć. Często pytałem ją:

– Dlaczego uczysz? W jaki sposób odnajdujesz w sobie tę energię, którą nieustannie się dzielisz?

Nieodmiennie otrzymywałem tę samą odpowiedź:

– Zawsze spotykam właśnie to jedno dziecko czy doświadczam tej jednej chwili, dzięki którym cała sprawa zyskuje głęboki sens.

Nie jestem pewien, czy sprawiły to dziedziczne skłonności, inspiracja matki czy jej pełne serdeczności opowieści o uczniach, ale i ja zostałem nauczycielem, choć moje lekcje są inne niż jej. Uczę bowiem na powietrzu. Prowadzę zajęcia zawierające dozę przygody oraz fizycznego i umysłowego wyzwania z elementami resocjalizacji. W większości mam do czynienia z młodzieżą z tak zwanej grupy ryzyka.

Kiedy matka spytała mnie, dlaczego uczę i w jaki sposób udaje mi się pokonać tak wielkie trudności, sądziłem, że już zna odpowiedź. Tak jak sama stwierdziła, chodzi o to jedno dziecko czy tę właśnie wyjątkową chwilę.

Jednego z takich momentów doświadczyłem wcale nie tak dawno. Pracowałem właśnie z grupą dziewcząt w wieku od dwunastu do piętnastu lat. Zbliżaliśmy się do końca drugiego tygodnia naszego miesięcznego programu. Grupa gładko przeszła elementy „drużynowe" i powoli zbliżała się do należącego do „wyższych" umiejętności punktu zwanego spacer po linie.

W zadaniu tym uczestnik wspina się na drzewo nabite hakami, docierając do drucianej liny rozpiętej na wysokości dwudziestu pięciu stóp nad ziemią. Następnie musi po niej przejść, trzymając się luźno naprężonej linki umieszczonej jakieś pięć stóp nad jego głową. Od początku do końca ze względów bezpieczeństwa osoba jest przypięta do liny, którą kontroluje wyszkolony instruktor. Tym sposobem całe zadanie nie jest ani trochę niebezpieczne.

Przez pewien czas dyskutowaliśmy o uczuciach, które towarzyszyły dziewczętom w związku z tym zadaniem, po czym zapytałem, która z nich miałaby ochotę spróbować. Kilka dziewcząt podniosło ręce i okazało się, że przeszły po linie bez najmniejszego kłopotu. Ich sukces zachęcił do zabawy jeszcze parę innych.

– Która następna? – spytałem.

Kilka dziewcząt krzyknęło:

– Susie jest gotowa.

Wyczuwając jej opór, zapytałem Susie, czy może ruszać.

– Tak mi się zdaje – odpowiedziała cicho.

Susie została starannie przypięta i stanęła u podnóża drzewa. Chwyciłem za pętlę liny i obserwowałem, jak chwyta pierwszy hak. Cała grupa zagrzewała ją do wysiłku okrzykami i wiwatami. Nagle dostrzegłem, jak twarz dziewczynki z każdym krokiem tężeje. Tak bardzo chciałem, żeby wykonała zadanie. Wiedziałem, jak dobrze by się potem czuła, jednak ten rodzaj lęku widziałem już wiele razy i zdałem sobie sprawę z tego, że może już dalej nie zajść.

Była już w połowie pnia, gdy nagle objęła go kurczowo, tak jak dziecko przywiera do nogi dorosłego, kiedy się czegoś przestraszy. Zacisnęła powieki i kostki palców zupełnie jej zbielały. Z policzkiem przywartym do kory mówiła tylko:

– Nie mogę.

Pozostałe dziewczęta stały w milczeniu. Zacząłem spokojnie przemawiać do Susie, usiłując sprawić, żeby rozluźniła uścisk na tyle, byśmy mogli sprowadzić ją na dół. Długo do niej mówiłem, aż w końcu zabrakło mi słów.

Grobową ciszę przerwał głos Mary:

– Susie, bez względu na to, co zrobisz, i tak będę twoją przyjaciółką!

Łzy nabiegły mi do oczu i prawie już nie widziałem kurczowo uczepionej pnia Susie. Kiedy je przetarłem, dostrzegłem, że dziewczynka uniosła głowę, żeby spojrzeć na linę. Białe kłykcie znów jej poczerwieniały. Susie spojrzała w dół na Mary i uśmiechnęła się. Mary również obdarzyła ją uśmiechem, a ja wróciłem do poprzedniego zadania, trzymając sznur, dopóki Susie nie dotarła do liny.

Właśnie przeżywanie podobnych chwil sprawia, że nadal wykonuję swój zawód. Młode serca, z którymi pracuję, nieustannie napełniają moje inspiracją i odwagą. Naprawdę sądzę, że ich egzystencja zawiera znacznie więcej wyborów związanych z ryzykiem i niebezpieczeństwem niż moje życie. Jakoś sobie radzą. Jakoś wchodzą na linę.

Co do Susie, to pokonała ją w całości. Kiedy wróciła na ziemię, czekała na uścisk przede wszystkim od Mary.

Długo im wiwatowaliśmy.

Chris Cavert

Odrobina odwagi znaczy bardzo wiele

To, co znajduje się za nami lub przed nami, to naprawdę drobnostka w porównaniu z tym, co leży w nas.

Ralph Waldo Emerson

Był rok 1986. Właśnie zamknęłam swoją agencję reklamową i niemal groziło mi bankructwo, a nie miałam pojęcia, co mogłabym dalej robić. Aż tu któregoś dnia po przeczytaniu artykułu o sile networkingu w głowie zapaliła mi się żaróweczka. Były lata osiemdziesiąte. Dlaczego ludzie nie zarabiali poprzez networking? Gdy zaczęłam się głębiej nad tym zastanawiać, zaświtał mi pewien pomysł: założę firmę o nazwie POWERLUNCH! Będą do mnie dzwonić ludzie poszukujący kontaktów, ja zaś, odgrywając rolę biznesowej swatki, będę odszukiwać właściwą osobę z branży, której potrzebują, lub posadę, o jaką im chodzi. Następnie umówię właściwe osoby na zapoznawczy lunch. Doskonałe, prawda?

Jedynym problemem było to, że miałam zbyt mało pieniędzy na rozpoczynanie jakichkolwiek inwestycji, wykorzystałam więc jedyny zasób, który mnie nigdy nie zawiódł – moje gardło. Wydrukowałam dziesięć tysięcy broszurek w niedrogiej drukarni, zebrałam się na odwagę i usadowiłam się na rogu Connecticut i K Avenue w centrum Washingtonu. Ile pary w płucach krzyczałam: POWERLUNCH! Przychodźcie do POWERLUNCH! Robiłam tak przez trzy dni, rozdając broszurki. Ludzie patrzyli na mnie jak na kogoś niezwykle zabawnego, ale brali je.

Po trzech dniach wszystkie broszurki zostały rozdane, jednak nie zadzwoniła ani jedna osoba. Bez grosza przy duszy i odrobiny życia w sobie, tracąc wszelką nadzieję, powlokłam się do domu. Kiedy zamykałam drzwi, zadzwonił telefon. W słuchawce odezwał się reporter z „Washington Post", który natknął się na moją broszurkę i chciał zrobić ze mną wywiad do kolumny jego pisma pod tytułem *Styl życia*. Wyobraźcie sobie, że nie miałam przecież własnej firmy z telefonem i tylko ogólny zarys swojego pomysłu, ale z entuzjazmem wyraziłam zgodę.

Następnego dnia przeprowadził ze mną wspaniały wywiad i poprosił o numer telefonu firmy. Obiecałam, że po południu do niego zadzwonię, następnie czym prędzej zamówiłam telefon w rejonowym zakładzie telekomunikacji i podałam mu numer 265-EATT. (Wprawdzie telefonu jeszcze nie podłączono, ale przynajmniej miałam numer.) Ubawiony reporter zgodził się go wydrukować, co, o ile wiem, należy tam do rzadkości.

Na drugi dzień obudził mnie telefon od przyjaciela, który gratulował mi artykułu w gazecie. Usiadłam na łóżku przerażona – a mój numer przecież nie podłączony! Zaraz potem ktoś zastukał do drzwi. Dzięki Bogu była to kobieta z firmy telekomunikacyjnej, która przyszła podłączyć mój biurowy telefon. Udała się na tyły domu i po piętnastu minutach pojawiła się ponownie z kartką papieru.

– Co to jest? – zapytałam.

– To rozmowy, które odebrałam w trakcie podłączania – odpowiedziała ze śmiechem. Mój interes wyprzedzał mnie już o krok.

Od tamtego czasu dzwoniło do mnie wielu przedstawicieli mediów, między innymi „New York Times", „Christian Science Monitor", a nawet „Entertainment Tonight". Otrzymałam wiele zamówień na lunch i przedstawiłam sobie wiele osób. Udało mi się spełnić pragnienie połączenia interesów i dobrej zabawy, a wszystko to zaczęło się na rogu Connecticut i K donośnym krzykiem... i odrobiną odwagi.

Sandra Crowe

Caldwell, to jest podstawa, jeśli lunch ma cię naprawdę wzmocnić.

Niezły tupet!

Ośmielić się znaczy w jednej chwili utracić grunt pod nogami. Nie ośmielić się znaczy utracić siebie.

Søren Kierkegaard

Krótko po rozpoczęciu kariery w biznesie dowiedziałem się, że Carl Weatherup, prezes PepsiCo, będzie przemawiał na University of Colorado. Dotarłem zaraz do osoby, która zajmowała się jego terminarzem spotkań, i udało mi się z nim umówić. Powiedziano mi jednak, że ma wyjątkowo napięty program i po spotkaniu ze studentami biznesu poświęci mi zaledwie piętnaście minut.

Siedziałem więc przed aulą uniwersytecką, czekając na prezesa PepsiCo. Słyszałem, jak przemawia do studentów... jak mówi i mówi bez końca. Zaniepokoiłem się – nie skończył spotkania o tej porze, o której miał je przerwać. Przekroczył już czas o pięć minut, co okrajało mój czas do dziesięciu. Trzeba było zadziałać.

Na odwrocie wizytówki napisałem zdanie przypominające mu, że umówił się na spotkanie: „Ma pan spotkanie z Jeffem Hoye o 2.30". Wziąłem głęboki oddech, pchnąłem drzwi auli i podszedłem prosto do niego. Pan Weatherup przestał mówić, a ja podałem mu kartkę, po czym odwróciłem się na pięcie i zacząłem iść w stronę drzwi. Zanim je zamknąłem, usłyszałem, jak mówi do słuchaczy, że skończył mu się czas. Podziękował im za uwagę, życzył wszystkiego dobrego i pomaszerował do miejsca, gdzie siedziałem, wstrzymując oddech.

Spojrzał na wizytówkę, a potem na mnie i powiedział:

– Niech zgadnę, pan jest Jeff – po czym się uśmiechnął.

Znów zacząłem oddychać, weszliśmy do jakiegoś gabinetu i zamknęliśmy za sobą drzwi.

Przez następne trzydzieści minut zasypywał mnie wspaniałymi opowieściami, które wykorzystuję jeszcze dziś, i zaprosił mnie na wizytę do Nowego Jorku. Najbardziej jednak cenię sobie fakt, iż zachęcił mnie do takiego działania, jakie zaprezentowałem. Stwierdził, że zdobycie się na sposób, w jaki mu przeszkodziłem, wymagało nie lada tupetu, świat interesów zaś i świat w ogóle należy do ludzi z tupetem. Kiedy coś powinno się wydarzyć, albo ma się tupet, żeby to przeprowadzić, albo nie.

Jeff Hoye

Potulni słuchacze

Twoja przyszłość zależy od wielu rzeczy, ale przede wszystkim od ciebie.

Frank Tyger

Wyjeżdżając z miasta w wielkim pośpiechu, wezwałem taksówkę przed swoje mieszkanie na rogu Sześćdziesiątej Czwartej i Pierwszej na Manhattanie.

– Lotnisko Kennedy'ego – rzuciłem kierowcy.

Kiedy usadowiłem się już wygodnie na tylnym siedzeniu, wyjątkowo przyjaźnie nastawiony nowojorski taksówkarz rozpoczął rozmowę.

– Mieszka pan w bardzo ładnym budynku – powiedział.

– Tak – odpowiedziałem zajęty w myślach czym innym.

– Od dawna pan w nim mieszka?

– Nie.

– Założę się, że ma pan w mieszkaniu naprawdę niewielką szafę – kontynuował.

Zaciekawiłem się.

– Tak – odpowiedziałem – nie jest duża.

– Czy słyszał pan o poszerzaniu szaf?

– Tak, zdaje mi się, że widziałem w gazecie jakieś ogłoszenia.

– Bo wie pan, jestem taksówkarzem tylko po godzinach. Tak naprawdę robię ludziom szafy. Przychodzę do domu i instaluję nowe półki albo komody i dokonuję też pewnych ulepszeń w już stojących szafach.

Potem zapytał mnie, czy myślałem o nowych szafach.

– Sam nie wiem – stwierdziłem. – Przydałoby mi się nieco więcej miejsca na ubrania i inne rzeczy, ale czy gdzieś tutaj nie działa jakaś firma od tych rzeczy, jakieś California-coś-tam?

– Ma pan na myśli California Closet Company. To naprawdę duża firma, która zajmuje się tymi rzeczami. Mogę zrobić dokładnie to samo, co oni, ale za niższą cenę.

– Naprawdę?

– Pewnie – odpowiedział, a następnie udzielił mi szczegółowych wyjaśnień dotyczących tego, co wykonują profesjonalni konstruktorzy szaf. Zakończył następująco: – Kiedy zadzwoni pan do California Closet, a oni przyjdą, żeby zrobić kosztorys, musi pan zrobić tak: przede wszystkim poprosić ich o pozostawienie kopii planu. Na początku nie będą chcieli go panu dać, ale jeśli powie im pan, że musi pan go pokazać żonie albo dziewczynie, zgodzą się. Wtedy zadzwoni pan do mnie i ja wykonam to wszystko za cenę niższą o trzydzieści procent.

– To brzmi zachęcająco – przytaknąłem. – Proszę, oto moja wizytówka. Jeśli zadzwoni pan do mojego biura, ustalimy datę spotkania.

Podałem mu wizytówkę, a on o mało co nie stuknął w słup.

– Wielki Boże! – wykrzyknął. – Pan jest Neil Balter, założyciel California Closet! Widziałem pana w programie Oprah Winfrey i pomyślałem sobie, że wpadł pan na taki świetny pomysł, że sam postanowiłem się tym zająć.

Zerknął w lusterko i przestudiował wyraz mojej twarzy.

– Powinienem był pana rozpoznać. Do licha, panie Balter, przepraszam. Nie chciałem powiedzieć, że pana firma jest droga. Nie miałem na myśli...

– Niech pan się uspokoi – powiedziałem. – Podoba mi się pana pomysłowość. Jest pan dość sprytny i ma pan tupet. Podziwiam pana za to. Korzysta pan z tego, że wozi pan w swojej taksówce potulnych słuchaczy. Żeby robić coś takiego jak pan, trzeba mieć skłonności do odrobiny brawury. Może pan do mnie zadzwoni i pomyślimy o zatrudnieniu pana jako naszego sprzedawcy?

Nie muszę chyba dodawać, że zgłosił się do pracy i został jednym z czołowych sprzedawców California Closet!

Neil Balter

Prawdziwy przywódca

Zawsze jest właściwy czas na zrobienie tego, co należy.

Martin Luther King

Kilka lat temu firma Pioneer Hi-Bred International, w której byłem zatrudniony, wykupiła Norand Corporation. Przedstawiciele handlowi mojej firmy, pracując w terenie, używali komputerów osobistych Noranda, żeby wczytywać codziennie zmieniające się informacje dotyczące sprzedaży i nowych cen oraz wysokości rabatów. Pioneer nabywał tak wiele owych komputerów, że z punktu widzenia ekonomii kupno Noranda wyglądało na interesujący pomysł. Posiadanie Noranda pozwoliło też Pioneerowi na penetrację rynków wysokiej technologii poza działem rolnictwa.

Jednak po kilku latach rozwijająca się technologia laptopów PC sprawiła, że sprzęt Noranda zaczęto uważać za przestarzały. Pioneer sprzedał Norand Corporation ze stratą. Moja firma zawsze przeznaczała pewien procent rocznych zysków na dywidendy dla pracowników, więc siłą rzeczy otrzymaliśmy wtedy mniejsze udziały w zyskach, niż gdyby Norand nie został kupiony. Nie byłem z tego zadowolony.

Dyrektor Pioneera Tom Urban co roku przyjeżdżał z oficjalną wizytą do każdego z oddziałów Pioneera w celu omówienia stanu interesów i wysłuchania zastrzeżeń pracowników. Kiedy wszedł do sali konferencyjnej na pierwsze spotkanie po sprzedaży Noranda, powitał zebranych, zdjął marynarkę i starannie powiesił ją na oparciu krzesła. Potem rozluźnił krawat, rozpiął kołnierzyk i podwinął rękawy koszuli. Następnie powiedział coś, czego nikt by nie oczekiwał po osobie na jego stanowisku:

– Popełniłem błąd, kupując Noranda, i bardzo tego żałuję. Przykro mi, że wasze dywidendy były z tego powodu znacznie niższe i że ucierpiały wasze udziały. Nadal mam zamiar ryzykować, jednak czegoś się już nauczyłem i będę się dla was bardziej starał.

W sali zapanowała zupełna cisza, która trwała do czasu, gdy poprosił o pytania.

Tamtego dnia miałem świadomość, że występuje przed nami wspaniały człowiek i doskonały przywódca. Kiedy go słuchałem, wiedziałem, że mogę mu zaufać i że zasługuje na całą moją lojalność, jaką mogłem żywić wobec niego i wobec Pioneera. Wiedziałem też, że i ja mogę podejmować ryzyko w swojej pracy.

W tej krótkiej chwili ciszy, zanim zaczęła się seria pytań, myślałem, że gdyby było trzeba, poszedłbym za nim w ogień.

Martin L. Johnson

Drużynowy i rewolwerowiec

Naszą misją jest autentyczne zrozumienie istoty przeciwieństw, najpierw poprzez traktowanie ich jako przeciwieństwa, a następnie jako bieguny jedności.

Hermann Hesse

Kiedy dwóch ludzi stojących na czele wielkiej firmy ubezpieczeniowej zorientowało się, że nie są w stanie współpracować i że stanowi to problem nie tylko dla nich, ale dla całej instytucji, było już prawie za późno. Znaleźli się bowiem w punkcie, który najlepiej opisuje żargon morski, nazywając go ekstremum. W takim wypadku jedynie radykalne, właściwe i natychmiastowe posunięcie wykonane przez oba statki pozwala uniknąć kolizji. Prowadziłem właśnie intensywny trening liderów w ich firmie, gdy zwrócili się do mnie o pomoc. Oto, co się wydarzyło:

Główny dyrektor Brad powiedział o dyrektorze operacyjnym Milesie rzecz następującą:

– Ten facet ma coś z głową. W ogóle się nie kontroluje. Wiecznie chodzi napuszony i robi rzeczy, z których później próbujemy się na siłę wykaraskać. Nawet boję się pomyśleć, co by się stało, gdybyśmy pozwolili mu zbliżyć się do budżetu. Gdyby się tym zajął, nigdy nie udałoby się nam zrobić dwa razy tej samej rzeczy. Spadalibyśmy tylko na łeb na szyję i myślelibyśmy, czy równo lecimy. On mnie doprowadzi do szału! Niech pan go jakoś ustawi, bardzo proszę...

W tym czasie – cóż za niespodzianka – okazało się, że i Miles nie ma z Bradem łatwego życia:

– On tak wolno zabiera się do działania. Na teczkach z moimi propozycjami osiadają pajęczyny, zanim je w ogóle przeczyta. Zawsze wynajdzie dwadzieścia powodów, dla których nie można ich przeprowadzić, a kiedy już się ruszy, okazuje się, że właśnie minął najwłaściwszy moment. On mnie dobija! Niech pan coś z nim zrobi, bardzo proszę.

Mimo iż potrafili zachowywać się jak profesjonaliści na forum publicznym i tam demonstrowali nawet znikomą drobinę przyjaznego nastawienia, nasilające się między nimi napięcie stawało się coraz bardziej widoczne dla innych pracowników – w niektórych wypadkach podsycane jeszcze ich własnymi plotkami. W rezultacie wszyscy musieli opowiedzieć się po którejś stronie.

– Jesteś po stronie Brada czy Milesa?

Po tym, gdy przeprowadziłem z każdym z nich krótką rozmowę, zgodzili się, że czas już zakopać topór wojenny, i poprosili mnie o mediację.

– Udajmy się do sali w pobliskim centrum konferencyjnym i zamknijmy za sobą drzwi na tak długo, dopóki sprawy nie rozstrzygniemy – zaproponowałem.

Obaj weszli tam z uśmiechem na ustach, ale i nieco podenerwowani.

– W porządku – zacząłem. – Najpierw musicie zrozumieć, jak bardzo negatywny wpływ ma wasz konflikt na resztę pracowników. Każdy z was utracił wśród nich wiele szacunku i to nawet u tych, którzy stanęli po waszej stronie. Obaj sądzicie, choć żaden nie powiedziałby tego głośno, że jedynym wyjściem z sytuacji jest rezygnacja któregoś z was, i cichaczem knujecie, jak można by do tego doprowadzić. Oto, jak ja to widzę – stwierdziłem. – Jeśli nie odnajdziecie sposobu na odzyskanie wzajemnego szacunku i zaufania, wasz firma będzie w niebezpieczeństwie. Czy dobrowolnie zechcecie dążyć do tego celu?

Obaj się zgodzili, spytali tylko, w jaki sposób mają tego dokonać.

– Po pierwsze, musicie zrozumieć, że żaden z was nie reprezentuje problemu do rozwiązania, tylko przeciwny biegun, który trzeba oswoić. Poświęćmy kilka minut sprawdzeniu, jak to wygląda.

W ciągu następnej godziny Brad odkrył, że przez całe życie usiłował być dobrym człowiekiem. Kiedyś udzielał się w skautach jako drużynowy. Do najwyżej cenionych przez niego wartości należały wiarygodność, konsekwencja, wysiłek, rozwaga i odpowiedzialność. Miles za to dorastał w środowisku, gdzie był chwalony za twórcze, nowatorskie podejście, refleks, energię, luz i inspirację. Korzystając z pomysłu Barry'ego Johnsona, autora książki *Polarity Management*, poprosiłem, aby porównali się z jakimś bohaterem literackim lub historycznym. Brad nie zastanawiał się długo:

– W moim przypadku to proste: drużynowy skautów! Zawsze staram się wypaść lepiej niż Miles i pokazywać mu, jak ma wszystko robić. Jako drużynowy mam za zadanie czuwać nad tym, żeby wszyscy, szczególnie Miles, podążali we właściwym kierunku i nie pakowali się w kłopoty.

– Tak, masz rację – skomentował Miles. – Ja wybieram rewolwerowca. Błyskawicznie naciskam na spust, przeważnie zresztą za szybko. Jestem impulsywny, co czasem prowadzi do chaosu, który nie przeszkadza mnie i jeszcze kilku osobom, ale sieje ferment w całej instytucji. Sądzę, że podświadomie popisuję się, chcąc, żeby Brad wydawał się wszystkim nieudolny i staroświecki.

Tak więc nadeszła chwila prawdy, która mogła wzbudzić w nich odwagę, uczciwe podejście i ducha współpracy albo zmusić do wycofania się w stare zachowawcze schematy. Niech Bóg pobłogosławi ich mężne serca, ponieważ obaj zdecydowali się wejść do nieznanej czeluści, odpuścić sobie i porwać się na coś, czego dotąd nie znali.

– Przykro mi, Miles, że byłem wobec ciebie taki przemądrzały i tak często wytykałem ci błędy. Bardzo proszę, żebyś mi wybaczył, że plotkowałem o tobie z twoimi kolegami.

– I ja cię przepraszam, Brad. Przykro mi, że napsułem ci tyle krwi swoimi sarkastycznymi dowcipami i kpiłem z ciebie za twoimi plecami w obecności innych.

Wyartykułowali konieczne w tej sytuacji słowa przebaczenia, co nie obyło się bez kilku łez ulgi i radości. Była to szczególna chwila. Powietrze w pokoju naelektryzowało się. Serca zabiły mocniej. Wreszcie uścisnęli się wzajemnie.

Po kilku minutach poczułem, że należy pomówić o nowej organizacji ich współpracy, która łączyłaby o b a style działania. Gdyby któryś z nich w jakiś sposób „wygrał" naszą bitwę i zdołał przeforsować swój sposób organizacji, cała firma już wkrótce wpadłaby w nieliche tarapaty. Zgodzili się skupić swoje wysiłki na tym, by zamiast chęci pokonania drugiego pojawiło się wsparcie, poszukiwanie sposobów umocnienia partnera i wspomaganie jego efektywności. Obaj przewidzieli też sposoby, w jakie mogliby sabotować swoje porozumienie, i postanowili, co zrobią, gdy coś takiego się wydarzy. Od tej chwili przyrzekli już nie plotkować i obiecali, że przez następne trzy miesiące będą się regularnie spotykać w celu omówienia postępów w przeprowadzaniu warunków swojego układu.

A teraz coś o odwadze. Następnego dnia zwołali spotkanie ważniejszych pracowników firmy. Brad wystąpił na nim w kapeluszu drużynowego skautów, a Miles w kapeluszu kowbojskim, z pasem i rewolwerami swojego ośmioletniego syna. Bez pośpiechu i z rozmysłem przedstawili grupie swoje najtrudniejsze problemy. Wszyscy byli głęboko poruszeni. Było trochę śmiechu i łez, a na koniec owacja na stojąco. Na rezultaty nie trzeba było prawie wcale czekać.

Różnicę z mety zauważyli klienci, a co najbardziej symptomatyczne, dostrzegli ją zaraz sekretarze, ich żony i inni urzędnicy. Od tamtego dnia Brad i Miles poradzili sobie już z kilkoma konfliktami, które dawniej spędzałyby im sen z powiek. Jakimś cudem nasz poprawny skaut Brad rozruszał się do tego stopnia, że jedno z zebrań pracowniczych przeprowadził u siebie w domu. W tym czasie Milesowi powierzono pracę nad budżetem.

Najbardziej zdumiewający efekt ich odważnej współpracy miał miejsce w zeszłym tygodniu, kiedy to Brad zebrał swoich pracowników i ogłosił:

– Pracuję tu już ostatni rok, gdyż pod koniec roku zamierzam przejść na emeryturę. Wiem, że zastanawiacie się, kto otrzyma moją rekomendację na stanowisko głównego dyrektora firmy. Z wielką radością i odrobiną zdziwienia pragnę poinformować, iż będzie to Miles. Czynię to z poczuciem całkowitej pewności i optymizmu, gdyż wiem, że posiada on wszystkie najlepsze cechy, które pozwolą mu poprowadzić tę firmę w przyszłość.

To naprawdę zadziwiające, ile może zdziałać odrobina odwagi we właściwym miejscu i czasie.

John Scherer

Zajmij stanowisko

Jednostka plus odwaga równa się większość.

Anonim

Jackie Robinson przeszedł do historii jako pierwszy ciemnoskóry koszykarz, który znalazł się w dużej lidze, grając w drużynie Brooklyn Dodgers. Branch Rickey, właściciel drużyny w tamtym okresie, powiedział mu:

– Będzie ci ciężko. Będziesz musiał znosić upokorzenia, o jakich ci się nie śniło. Ale jeśli chcesz spróbować, zamierzam cię popierać.

Rickey miał rację. Na Jackiego sypał się stek obelżywych słów (nie mówiąc o tym, że zawodnicy dbali o to, by fizycznie odczuł ich niechęć). Rasistowskie obelgi ze strony publiczności i członków własnej oraz przeciwnej drużyny stały się jego chlebem powszednim.

Któregoś dnia dostawało mu się wyjątkowo paskudnie. Niestety, właśnie zepsuł dwie piłki i z trybun rozległo się szydercze „buuuuuu". Wtedy na oczach tysięcy widzów Pee Wee Reese, kapitan drużyny, w środku meczu podbiegł do Jackiego i po przyjacielsku objął go ramieniem.

– Możliwe, że ten gest ocalił moją karierę – stwierdził później Robinson. – Pee Wee sprawił, że poczułem się jednym z nich.

Upewnijcie się, czy wasi podwładni również mają to uczucie.

Denis Waitley

9

Lekcje i inspiracje

Żyj, aby się uczyć, a nauczysz się żyć.

Przysłowie portugalskie

Oto moje stawki: 200 $ za prawdy, 100 $ za inspiracje, 10 $ za dowcipy.

Ślepiec

Wewnętrzny wzrost oznacza zmianę, elementem zmiany zaś jest ryzyko, wyjście od tego, co znane, ku niewiadomemu.

George Shinn

Autobusy, pociągi, samoloty i lotniska oferują pasażerom bezpieczną okazję do dzielenia się osobistymi wyznaniami, dając pewność, że spotykający się w ten sposób ludzie najprawdopodobniej nigdy się już nie zobaczą. Tak właśnie miały się sprawy tamtego wiosennego dnia w 1983 roku na lotnisku La Guardia. Czekałam właśnie na samolot, gdy wysoki, dobrze zbudowany dżentelmen w gustownie skrojonym garniturze poczuł się wystarczająco pewnie i anonimowo, by usiąść obok mnie i opowiedzieć następującą historię:

– Kończyłem właśnie pracę w swoim biurze na Manhattanie. Sekretarka wyszła jakąś godzinę wcześniej, a teraz i ja zbierałem rzeczy i szykowałem się do wyjścia, gdy nagle odezwał się dzwonek telefonu. Dzwoniła moja sekretarka, Ruth. W jej głosie słychać było panikę. „Przez pomyłkę zostawiłam na biurku ważną przesyłkę, którą trzeba natychmiast dostarczyć do Instytutu Niewidomych. To tylko kilka ulic od biura, czy mógłby pan to dla mnie zrobić?" – poprosiła. „Złapała mnie pani w samą porę, właśnie wychodziłem. Oczywiście, że ją tam podrzucę", obiecałem.

Jak tylko wszedłem do budynku Instytutu, podbiegł do mnie jakiś człowiek i powiedział: „Dzięki Bogu, że pan dojechał. Musimy natychmiast zaczynać". Wskazał mi puste krzesło i poprosił, żebym usiadł. Zanim zdążyłem cokolwiek z siebie wykrztusić, siedziałem w jednym rzędzie z jakimiś ludźmi, którzy należeli do widzących. Naprzeciwko nas usadzono grupę niewidomych mężczyzn i kobiet. Młody, może dwudziestopięcioletni mężczyzna stanął na środku sali i zaczął wydawać nam polecenia: „Za chwilę poproszę tych z państwa, którzy są niewidomi, aby zapoznali się z osobą siedzącą naprzeciwko. To ważne, byście wykorzystali tyle czasu, ile wam potrzeba, na dokładne rozpoznanie wyglądu, rodzaju skóry, kośćca, rytmu oddychania i tak dalej. Kiedy powiem: «zaczynamy», wyciągniecie dłonie i dotkniecie głowy tej osoby, postaracie się wyczuć, jakie są w dotyku jej włosy: czy są kręcone, czy proste, grube czy przerzedzone. Wyobraźcie sobie, jakiego mogą być koloru. Następnie wolno przeniesiecie palce na brwi. Wyczujcie grubość i fakturę skóry. Obiema rękami wybadajcie brwi, oczy, nos, kości policzkowe, wargi, brodę i szyję. Wsłuchajcie się w oddech tej osoby. Czy jest spokojny, czy może gwałtowny? Czy słyszycie bicie serca? Jakie jest: szybkie czy wolne? Nie spieszcie się. Zaczynamy".

– Wpadłem w panikę. Czułem, że chcę stamtąd uciec. Nikt nie ma prawa dotykać mnie bez pozwolenia, a już na pewno nie mężczyzna. A ten facet dotyka moich włosów. Głupio się czuję. Teraz jego ręce wędrują na twarz; czuję, że zaczynam się pocić. Usłyszy, jak wali mi serce, i zorientuje się, że wpadłem w panikę. Muszę się uspokoić, nie mogę mu pokazać, że straciłem kontrolę nad nerwami. Gdy wreszcie skończył, wydałem z siebie westchnienie ulgi. „A teraz", kontynuował nasz młody instruktor, „widzący będą mieli okazję w ten sam sposób poznać osobę siedzącą naprzeciwko. Zamknijcie oczy i wyobraźcie sobie, że nigdy tej osoby nie widzieliście. Pomyślcie, co chcielibyście o niej wiedzieć. Kim jest? O czym myśli? O czym może marzyć? Wyciągnijcie ręce i dotknijcie jej głowy, wyczujcie, jakie są w dotyku jej włosy, i zastanówcie się, jaki mogą mieć kolor?"

– Jego głos rozmył się w tle. Zanim zdążyłem to przemyśleć, moja dłoń spoczęła na głowie młodego mężczyzny siedzącego naprzeciwko. Miał suche, szorstkie włosy. Nie pamiętałem ich koloru. Do licha, nigdy nie pamiętam, jaki kolor mają czyjekolwiek włosy. W gruncie rzeczy nigdy na nikogo nie patrzyłem. Mówiłem tylko ludziom, co mają robić. Ludzie wydawali mi się czymś zbędnym – tak naprawdę nigdy mnie nie obchodzili. Ważny był tylko mój biznes, interesy, jakie ubijałem. Dotykanie, odczuwanie i poznawanie ludzi nie było czymś, co do mnie pasowało, i pewnie nigdy nie będzie.

– Nadal przesuwałem palcami po brwiach, nosie, policzkach i brodzie młodego człowieka. Czułem, że w środku mnie rozlega się łkanie. W moim sercu przelewały się tak wielkie pokłady czułości, o jakich nie miałem pojęcia; leżała w nim delikatna słabość, do której nie przyznawałem się ani przed sobą, ani przed innymi. Nawiązałem z nią kontakt i przestraszyłem się. Wiedziałem doskonale, że już wkrótce stąd wyjdę. Pójdę sobie i już nigdy nie wrócę.

– Marzenia? Czy człowiek siedzący naprzeciw mnie o czymś marzy? Niby dlaczego miałoby mnie to obchodzić? Przecież nie jest dla mnie nikim ważnym. Mam dwóch kilkunastoletnich synów i nawet o ich marzeniach nie mam pojęcia. Poza tym i tak myślą tylko o samochodach, sporcie i dziewczynach. Zresztą nie rozmawiamy ze sobą zbyt często. Moim zdaniem, nie przepadają za mną. Nie wydaje mi się, żebym ich rozumiał. A moja żona? Cóż, zajmuje się swoimi sprawami, a ja mam swoje.

– Spociłem się i zacząłem oddychać z niejakim trudem. Instruktor każe nam przerwać. Cofam dłoń i opieram się o oparcie krzesła. „A teraz," mówi, „przystępujemy do ostatniej części ćwiczenia. Każde z was będzie miało trzy minuty na podzielenie się z partnerem wrażeniami, jakich doznawaliście podczas poznawania się. Powiedzcie partnerowi o tym, co czuliście i co myśleliście. Zdradźcie, czego się o nim dowiedzieliście. Niewidomi zaczną".

– Okazało się, że mój partner ma na imię Henry. Powiedział mi, iż początkowo czuł się trochę opuszczony, bo wyglądało na to, że tego wieczoru nie będzie miał z kim ćwiczyć. Ucieszył się więc, że zdążyłem na czas. Potem powiedział, że wyczuł, iż wyjątkowo odważnie pozwoliłem sobie na silne emocje i uczucia. „Byłem naprawdę pod wrażeniem tego, jak wspaniale wykonywałeś polecenia mimo tak wielkiego oporu", wyznał. „Masz wielkie i samotne serce. Bardzo pragniesz wnieść w swoje życie więcej miłości, ale nie wiesz, jak o nią poprosić. Jestem pełen podziwu dla twojej chęci odkrywania w sobie tego, co naprawdę zmieniłoby twoje życie. Wyczułem, że chciałbyś stąd uciec, ale jednak zostałeś. I ja się tak czułem, kiedy przyszedłem tu po raz pierwszy, teraz jednak nie boję się już tej osoby, którą jestem. Pozwalam sobie na płacz, strach, panikę, chęć ucieczki, odizolowania się od innych i zagłębienia w pracę. Są to najnormalniejsze w świecie uczucia, które uczę się akceptować i cenić. I ty mógłbyś spędzić tu więcej czasu, odkrywając, kim naprawdę jesteś".

– Spojrzałem na tego niewidomego chłopaka i rozpłakałem się. Nie mogłem wykrztusić słowa. Zresztą i tak nie wiedziałem, co powiedzieć. Nigdy dotąd nie doznałem tak wielkiego daru bezwarunkowej miłości i mądrości. Pamiętam, że jedyną rzeczą, jaką powiedziałem o Henrym, było coś w stylu: „Masz rude włosy i jasne oczy". Prawdopodobnie był pierwszą osobą w moim życiu, której oczu nigdy nie zapomnę. To ja byłem ślepcem, Henry zaś potrafił doskonale dostrzec, kim jest.

– Spotkanie powoli dobiegało końca. Wyjąłem spod krzesła grubą kopertę i podałem instruktorowi. „Moja sekretarka miała to panu podrzucić nieco wcześniej. Przepraszam, że dotarło dopiero teraz".

– Instruktor uśmiechnął się, wziął kopertę i powiedział: „Po raz pierwszy w życiu prowadziłem takie zajęcia. Czekałem na instrukcje, żeby wiedzieć, co robić. Kiedy okazało się, że nie nadeszły, musiałem improwizować. Nie miałem pojęcia, że nie jest pan ochotnikiem. Proszę mi wybaczyć".

– O tym, że od tamtego czasu dwa razy w tygodniu bywam w Instytucie Niewidomych nie powiedziałem nikomu, nawet mojej sekretarce. Nie potrafię dobrze wyjaśnić, co się ze mną dzieje, ale wydaje mi się, że po prostu zaczynam kochać ludzi. „Tylko nie wydajcie mnie przed tymi z Wall Street", poprosiłem w Instytucie. Sami wiecie, ten świat jest pełen walczących drapieżników, a ja muszę przecież utrzymać się na szczycie... a może już nie? Zdaje się, że na nic już nie mam gotowej odpowiedzi.

– Zdaję sobie sprawę z tego, iż muszę się wiele nauczyć, jeśli moi synowie mają żywić do mnie szacunek. To zabawne, ale nigdy przedtem tak nie myślałem. Dzieci powinny szanować rodziców, przynajmniej tak mnie zawsze uczono. A może to działa i w drugą stronę? Może to obie strony powinny traktować się z szacunkiem. Na razie jednak zaczynam się uczyć, jak szanować i kochać samego siebie.

Helice Bridges

Profesjonalista

Jedynym pewnym miernikiem sukcesu jest służenie z większym zaangażowaniem, niż ktokolwiek po was oczekuje.

Og Mandino

Powlokłem się na koniec pokoju, gdzie stały rzędy regałów z dokumentami inwentaryzacyjnymi, oparłem czoło o ścianę i na kilka chwil pogrążyłem się w cichej rozpaczy. Czy tak właśnie ma wyglądać moja praca do końca życia? Oto ja, dwa lata po szkole, przy następnym ogłupiającym, słabo płatnym i nie rokującym żadnych nadziei na awans zajęciu. Do tej chwili zgrabnie unikałem stanięcia twarzą w twarz z tą kwestią, po prostu o niej nie myśląc, jednak w tym momencie, nie wiadomo z jakiego powodu, tragiczna prawda objawiła mi się z całą druzgocącą siłą. Zdanie sobie sprawy z tego, jak wygląda moja sytuacja zawodowa, pozbawiło mnie resztek energii. Czując mdłości, podbiłem na bramie kartę, udałem się do domu, natychmiast położyłem się do łóżka i naciągnąłem kołdrę na głowę, usiłując zapomnieć o jutrze i o wszystkich innych dniach, które miały nadejść po nim.

Do rana udało mi się trochę pozbierać, jednak nadal byłem strasznie przygnębiony. Zrezygnowany powlokłem się do pracy i pozwoliłem się ponieść jej beznadziejnej monotonii.

Tego ranka do pracy przyszło kilku nowych – byli przyjęci tylko na jakiś czas i w rankingu ważności plasowali się jeszcze niżej niż ja. Jeden z nich od razu zwrócił moją uwagę. Był starszy od pozostałych i miał na sobie uniform. Firma nie wymagała uniformów – w gruncie rzeczy nikogo nie obchodziło, w czym przychodzą pracownicy, jeśli w ogóle się pokazywali. Jednak ten facet miał na sobie elegancko wyprasowane tabaczkowe spodnie i koszulę z wyszytym imieniem Jim. Jak sądzę, postarał się o nie na własną rękę.

Obserwowałem go przez cały dzień i przez resztę dni, w które u nas pracował. Nigdy nie przychodził za wcześnie, ale nigdy się też nie spóźniał. Pracował systematycznie, lecz bez zbędnego pośpiechu. Do wszystkich odnosił się życzliwie i po przyjacielsku, jednak rzadko kiedy ucinał sobie pogawędki podczas pracy. Rankiem i po południu wychodził na przepisowe przerwy tak jak wszyscy, aczkolwiek był jednym z nielicznych, którzy nie przeciągali ich ponad ustalony czas.

Podczas lunchu niektórzy pracownicy zamawiali coś przez telefon, chociaż większość kupowała jedzenie i picie w automatach. Jim nie robił ani jednego, ani drugiego. Wyjmował swój lunch ze staromodnego blaszanego pudełka, kawę zaś nalewał ze sfatygowanego termosu. Niektórzy ludzie nie dbali za bardzo o to, żeby posprzątać po jedzeniu. Kiedy Jim wstawał od stołu, zostawiał go w nieskazitelnym stanie i, rzecz jasna, zawsze wracał na stanowisko dokładnie na czas. Nie był jakimś tam dziwakiem, ale kimś niesamowitym, wyróżniającym się i godnym podziwu!

Był pracownikiem, o jakim marzył każdy menedżer. Mimo jego doskonałości, koledzy lubili go, bo nie próbował się wywyższać. Robił ni mniej, ni więcej tylko to, co do niego należało. Nie plotkował, nie narzekał i nie kłócił się. Po prostu wykonywał swoją najzwyklejszą w świecie pracę z większą godnością, niż ktokolwiek mógł podejrzewać, że można tak podchodzić do byle jakiego, pospolitego zajęcia.

Jego stosunek do pracy i każde działanie świadczyło o tym, że jest profesjonalistą w każdym calu. Praca może być pospolita, jednak on na pewno taki nie był.

Kiedy okresowe zajęcie dobiegło końca, Jim odszedł, jednak wrażenie, jakie na mnie zrobił, pozostało. Mimo że nigdy z nim nie rozmawiałem, całkowicie odmienił mój sposób myślenia. Ze wszystkich sił starałem się go naśladować.

Nie kupiłem sobie pudełka na lunch ani uniformu, zacząłem jednak wyznaczać sobie pewne własne standardy. Pracowałem jak biznesmen na kontrakcie, dokładnie tak, jak robił to Jim. Ku memu zdziwieniu dyrekcja dostrzegła moje zaangażowanie i już wkrótce otrzymałem awans. Po kilku latach ja sam udzieliłem sobie awansu, przenosząc się do lepiej płatnej pracy w innej firmie. Wreszcie, po wielu latach i wielu innych firmach, otworzyłem własny interes.

Sukcesy, jakie osiągnąłem, niewątpliwie są wynikiem ciężkiej pracy i szczęścia, sądzę jednak, że najbardziej przyczyniła się do tego lekcja, jaką otrzymałem dawno temu właśnie od Jima. Nauczyłem się, że szacunek nie zależy od rodzaju wykonywanej pracy, lecz rodzi się ze sposobu, w jaki się ją wykonuje.

Kenneth L. Shipley

Recepty na szczęśliwe życie

Nie troszczcie się więc zbytnio o jutro, bo jutrzejszy dzień sam o siebie troszczyć się będzie. Dosyć ma dzień swojej biedy.

Mt 6, 34

Jako student pierwszego roku na Valparaiso University, zmagający się z niepewnością co do swojej akademickiej i zawodowej przyszłości, miałem okazję uczestniczyć w spotkaniu z emerytowanym rektorem i kanclerzem uczelni. Na sali siedziało niewiele osób. W małej grupce zdenerwowanych pierwszoroczniaków oczekiwaliśmy przybycia człowieka szanowanego nie tylko w obrębie uczelni, ale i w całym kraju, a nawet na świecie za wybitne osiągnięcia oraz wyjątkową mądrość.

Podstarzały, niedowidzący już O. P. Kretzman pojawił się na wózku inwalidzkim. W sali zapadła taka cisza, że można było usłyszeć brzęczenie najmniejszej muszki. Nie oczekiwaliśmy, że jego uwaga tak prędko zwróci się bezpośrednio na nas, bowiem pan Kretzman od razu poprosił o pytania. Czułem, że nadarza się wspaniała okazja, więc pomimo tremy zebrałem się na odwagę i zadałem pierwsze pytanie, które przełamało lody:

– Jakiej rady udzieliłby pan studentom pierwszego roku stającym w obliczu niepewnego jutra i wszystkich trudnych wyborów, które nas czekają?

– Za jednym razem jedzcie tylko jeden kęs jabłka – odpowiedział z podziwu godną pewnością i prostotą. Ani mniej, ani więcej. Co za wspaniała recepta na uporanie się ze stresem choćby w tej chwili i w ogóle we wszystkich momentach mojego życia.

Ponieważ pracuję już od dwudziestu lat, dziś moja lista recept na zdrowe życie jest nieco dłuższa. Proszę się częstować!

1. Zmieniaj priorytety.
2. Przeciągaj się w przerwach między zajęciami.
3. Zrób krok do tyłu i obserwuj.
4. Weryfikuj swoje cele.
5. Zafunduj sobie masaż.
6. Wychodź pięć minut przed czasem.
7. Obejrzyj komedię.
8. Odpuść sobie i pozwól Bogu.
9. Stosuj afirmacje.
10. Uporządkuj swoją przestrzeń.
11. Okazuj uczucia.
12. Wąchaj kwiaty.
13. Proś o pochwałę.
14. Słuchaj głosu intuicji.
15. Pomagaj innym.
16. Rozgrzewaj dłonie i stopy.
17. Wizualizuj pozytywne wyniki.
18. Dbaj o zdrowie.
19. Nie osądzaj, lecz błogosław.
20. Pracuj w ogrodzie.
21. Zaplanuj budżet.
22. Przejawiaj empatię, ale nie nadwrażliwość.
23. Usiądź bez ruchu i medytuj.
24. Korzystaj z techniki, która oszczędza czas.
25. Zafunduj sobie przejażdżkę na karuzeli i ciesz się nią.
26. Przeznaczaj czas na planowanie.
27. Policz swoje błogosławieństwa.
28. Co masz zapomnieć, zapisuj.

29. Upraszczaj, upraszczaj, upraszczaj.
30. Omawiaj sprawy ze współpracownikami.
31. Pozbądź się negatywnego dialogu wewnętrznego.
32. Znajdź czas na rozrywki.
33. Zmieniaj swoje środowisko.
34. Działaj zgodnie z właściwym sobie rytmem.
35. Znajdź odpowiednie miejsce do obdarzania innych.
36. Wyrażaj się w pełni.
37. Na problemy spoglądaj jak na możliwości.
38. Pozwól odejść „a co, jeśli...?"
39. Upewnij się, czego się po tobie oczekuje.
40. Radź się ekspertów.
41. Zrób wszystko najlepiej, jak potrafisz, a potem zatrzymaj się.
42. Zaufaj boskiemu czasowi i porządkowi.
43. Rozwijaj cierpliwość.
44. Oddychaj głęboko.
45. Idź na spacer.
46. Kończ to, co zacząłeś.
47. Zdrzemnij się.
48. Zanuć jakąś melodię.
49. Weź gorącą kąpiel.
50. Zwierz się ze swoich trosk.
51. Wyjeżdżaj.
52. Rozmawiaj z matką i ojcem.
53. Czasami powiedz „nie".
54. Przesuwaj ostateczne terminy.
55. Podążaj za swoją pasją.
56. Opowiedz dowcip.
57. Pozbądź się obaw.
58. Pij mnóstwo dobrej wody.
59. Stwórz system wsparcia.
60. Dziel wielkie projekty na etapy.
61. Poszukuj rad.
62. Bądź dla siebie łagodny.
63. Nie „umożliwiaj" innym.

64. Módl się o otwartość.
65. Mów prawdę.
66. Zażywaj więcej odświeżającego snu.
67. Przebaczaj i ruszaj do przodu.
68. Przygotowuj jedzenie przed czasem.
69. Napraw albo kup nowe.
70. Przygotuj się na czekanie.
71. Nie miej zawsze racji.
72. Skup się na chwili obecnej.
73. Zafunduj sobie przerwę na lunch.
74. Przeczytaj książkę.
75. Zmień nastawienie.
76. Codziennie się śmiej.
77. Wzmacniaj szacunek do samego siebie.
78. Łykaj witaminy.
79. Skończ z „powinienem".
80. Unikaj przesady.
81. Zaplanuj specjalny wyjazd.
82. Przejrzyj przez iluzje.
83. Rozluźnij mięśnie.
84. Zwolnij i zauważaj.
85. Pielęgnuj dobre przyjaźnie.
86. Żyj w zgodzie z naturą.
87. Słuchaj muzyki.
88. Ogranicz kofeinę i cukier.
89. Pość i oczyszczaj się.
90. Bądź spontaniczny.
91. Kochaj swego partnera.
92. Zaczerpnij świeżego powietrza.
93. Pozwól się rozpieszczać.
94. Zgłoś się na ochotnika.
95. Pomagaj w organizacjach.
96. Zachowaj dobrą postawę.
97. Respektuj swoje ograniczenia.
98. Ćwicz systematycznie.
99. Wybierz się na tańce.

100. Od czasu do czasu westchnij sobie.
101. Ćwicz jogę.
102. Popłacz sobie zdrowo.
103. Znajdź czas na hobby.
104. Ograniczaj czas pracy.
105. Idź na kompromis/ współpracuj.
106. Nie zwlekaj.
107. Wyłączaj telefon i telewizor.
108. Poluzuj swoje zasady.
109. Zapisuj własne myśli.
110. Wyjedź na wakacje.
111. Uporządkuj swoje biurko.
112. Rozwijaj elastyczność.
113. Pozwól na niedoskonałości.
114. Nie planuj za dużo.
115. Zdradzaj swoje tajemnice.
116. Wyćwicz silne ciało.
117. Pielęgnuj wiarę.
118. Otwórz rachunek oszczędnościowy.
119. Wygrzewaj się w słońcu.
120. Kochaj i bądź kochany.
121. Przyjmuj fakty.
122. Pracuj zespołowo.
123. Uśmiechnij się – otwórz serce.
124. Umacniaj się.
125. Śnij za dnia.
126. Wiedz, że Bóg cię kocha!

Tim Clauss

Na Boga, Marvin, zrób sobie przerwę!

Lekcja przywództwa

Nie chodzi o to, kto ma rację, ale co jest istotą tej racji.

Thomas Huxley

Urodziłem się w Republice Południowej Afryki, dwa lata przed tym, gdy apartheid został ogłoszony polityczno-społecznym systemem obowiązującym w państwie. Wzrastałem pośród wszelkich przywilejów przysługujących białemu obywatelowi mego kraju i nauczono mnie, że ludzie piastujący najwyższą władzę to jednocześnie osoby o największych kompetencjach. Jednak już w mojej pierwszej pracy pewien człowiek wyzwolił mnie niezwykle skutecznie z owego błędnego przekonania.

Jako dwudziestolatek opuściłem białe plaże Cape Town, gdzie się wychowywałem, aby poszukiwać kariery w Johannesburgu. „Egoli", Miasto Złota, tętniło życiem milionów czarnych robotników. Przybyli oni do serca RPA, by podobnie jak ja mieć udział w jej bogactwach. Nierzadko pracowali w straszliwych warunkach i z niepewną przyszłością, aby utrzymać przy życiu siebie i pozostawione gdzieś daleko rodziny. Ja zaś pracowałem, spodziewając się, że moje wyrzeczenia zaowocują wkrótce awansem na stałe do klasy menedżerów.

Chwilowo otrzymałem zajęcie w fabryce. Wymagano ode mnie, żebym miesiąc spędził w jednym dziale i nauczył się, jak on funkcjonuje, po czym miałem być przeniesiony do następnego. W rezultacie miałem poznać swoją branżę od samego dołu i stopniowo piąć się w górę ku dyrektorskim fotelom.

W pierwszym dziale okazało się, że ja – zupełny nowicjusz – mam nadzorować pracę ośmiu doświadczonych ludzi. Jak to się stało, że praktykantowi dostała się aż taka odpowiedzialność? Odpowiedź w rządzonym przez apartheid kraju była prosta: miałem białą skórę, oni zaś byli czarni.

Któregoś wiosennego dnia z samego rana wezwano mnie do gabinetu dyrektora Tangneya. Idąc w stronę wybitych pluszem sanktuariów administracji, czułem, jak drżą mi nogi. Doskonale zdawałem sobie sprawę z czegoś, czego nikt jeszcze otwarcie nie przyznał: nie radziłem sobie w tej pracy. W ciągu tygodni, w których nadzorowałem wytwarzanie zaworów z brązu, załoga wyprodukowała niedopuszczalnie duży procent odpadów.

– Usiądź, chłopcze – powiedział pan Tangney. – Jestem bardzo zadowolony z czynionych przez ciebie postępów i mam dla ciebie oraz twojej załogi pewne specjalne zadanie. Widzisz, tego roku zapowiadają dość wczesne opady letniego gradu. Rok temu grad zniszczył samochód mnie i jeszcze trzem członkom dyrekcji. Chcielibyśmy, żebyście postawili dużą wiatę dla ochrony naszych wozów.

– Ależ, proszę pana – zająknąłem się. – Nie mam pojęcia o budowie!

Tangney udawał, że nie słyszy.

Dołożyłem wszelkich starań, aby dowiedzieć się, jakich materiałów potrzebujemy, po czym zamówiłem je i zabraliśmy się do roboty. Robotnicy zachowywali dziwne milczenie, wykonując dokładnie to, co im polecałem. Kazałem im zmierzyć, przepiłować i zbić drewno w kilka paneli. Wyobrażałem sobie, że panele utworzą zarówno ściany wiaty, jak i mocny dach. Wreszcie wszystkie większe części były gotowe i przyszedł czas na złożenie konstrukcji. Bałem się, czy się uda. Robotnicy milczeli.

Kiedy inni się przypatrywali, pomogłem jednemu z nich, Philomanowi, postawić ciężką konstrukcję. Philoman prawie nie mówił po angielsku. Do tej chwili, gdy wspólnie się trudziliśmy, nigdy jeszcze nie spojrzałem mu w oczy. Podobnie jak większość czarnych w RPA w tamtym okresie Philoman nauczył się odwracać wzrok, by nie spotkać spojrzenia białych, w obawie, że będzie to potraktowane jak zaczepka. Usiłując umieścić ciężką konstrukcję na miejscu i nie mogąc się porozumieć słownie, patrzyliśmy sobie w oczy i koordynowaliśmy ruchy. Nigdy nie zapomnę wyrazu jego oczu. Kiedy nasze spojrzenia spotkały się, moja fasada nadzorcy runęła i nie widziałem już w nim Murzyna zmagającego się z jarzmem roboty, ale współpracownika.

Jednak jeszcze raz się przeliczyłem. Widząc moją bezsilność w zmaganiu się ze źle przygotowaną konstrukcją, Philoman zawołał coś do pozostałych.

Załoga otoczyła go, żywo perorując i gestykulując. Miałem uczucie, że decydują o moim losie. Nagle Philoman wziął kij i naszkicował na piasku schematyczny plan, głośno go omawiając. Od czasu do czasu pozostali dodawali coś od siebie, po czym kiedy ja przypatrywałem się wszystkiemu beznadziejnym wzrokiem, pod przewodnictwem Philomana wzięli się do ustawiania konstrukcji. Po kilku godzinach wyglądała zadowalająco. Philoman zawołał mnie, a kiedy podszedłem, powiedział z szerokim uśmiechem na ociekającej potem twarzy:

– Basie, postawiliśmy.

Nie znajdowałem słów wdzięczności. Lekcję przywództwa, udzieloną mi przez Philomana, będę zawsze traktować jak drogocenny skarb. Uczynił on dla mnie więcej, niż zamierzał. Z ogromnym współczuciem i pokorą objawił mi prawdę o systemie apartheidu i o kłamstwie, jakie ów system upowszechniał. Status nie miał tam nic wspólnego z kompetencjami. Po kilku miesiącach odszedłem z fabryki o niebo mądrzejszy.

Michael Shandler

Matka wie najlepiej

Mamy czterdzieści milionów powodów, by ponieść porażkę, ale ani jednej wymówki.

Rudyard Kipling

We wczesnych latach osiemdziesiątych byłem menedżerem sprzedaży w dużej firmie. Do moich obowiązków należało między innymi szkolenie sprzedawców i byłem w tym dobry. Uczyłem ludzi, że brak czasu i brak możliwości to tylko kuszące wymówki dla braku zadowalających rezultatów.

Moja matka, która wtedy mieszkała blisko mnie, pochodzi z rodziny greckich imigrantów posiadających dwanaścioro dzieci. Ukończyła tylko trzy klasy szkoły podstawowej. Jako największą trudność związaną z przybyciem do nowego kraju wspomina rozstanie z krewnymi i przyjaciółmi, z których część także przyjechała do Ameryki, osiedlili się jednak w odległych od siebie częściach naszego wielkiego miasta. Ukoronowaniem każdego tygodnia była niedziela, kiedy to matka przez godzinę jechała autobusem do kościoła. Po nabożeństwie siedziała z przyjaciółmi nad filiżanką greckiej kawy i wymieniała ploteczki oraz rodzinne opowieści. Robiła to przez trzydzieści lat.

Grecka społeczność w naszej okolicy rozrosła się już na tyle, by pomyśleć o wybudowaniu nowego kościoła. Członkowie komitetu budowlanego postanowili zebrać kapitał założycielski dzięki sprzedaży losów na loterię. Matka aż podskoczyła z radości, chcąc się przyłączyć do owego przedsięwzięcia. Nie miała żadnego profesjonalnego przeszkolenia w zakresie sprzedaży, jednak przez jej głowę nawet nie przemknęła myśl o tym, że mogłoby to stanowić przeszkodę. Jej plan był bardzo prosty: porozmawiać o zakupie losów z jak największą liczbą ludzi i wpędzić ich w poczucie winy, jeśli nie zechcą tego zrobić.

I tu właśnie na scenie pojawiłem się ja. Matka stwierdziła, że jestem grubą rybą i muszę znać mnóstwo ludzi. Zaopatrzyła mnie w dziesięć zestawów, w których było po dziesięć biletów za dolara sztuka, za co razem miałem otrzymać sto dolarów. Po tygodniu pokazałem się u niej jedynie z połową sprzedanych biletów. Niewybaczalny błąd!

– Gdybym tylko miał więcej czasu, pewnie sprzedałbym te wszystkie bilety, które mi dałaś – stwierdziłem. – Po prostu byłem zajęty.

– Cóż za nonsens. – (A przynajmniej usłyszałem tu jakiś grecki odpowiednik nonsensu.) – Albo się coś robi, albo tylko się wynajduje wymówki, dlaczego się tego nie zrobiło – skwitowała moja matka. – A na kolację w restauracji, telewizję, jogging i kino znalazłeś czas? Czy tu w ogóle chodzi o czas? Bzdura! Myślisz, że taki z ciebie ważniak, bo masz pokończone szkoły i tę twoją cudowną pracę, a nawet prawdy nie umiesz powiedzieć.

Po tym wybuchu prawdy matka się rozpłakała. Byłem zdruzgotany. Prędko zgodziłem się sam zapłacić za resztę losów. Wtedy w jednej chwili przestała zalewać się łzami i powiedziała:

– Kiedy człowiekowi na czymś zależy, musi zrobić wszystko, co w jego mocy, żeby do tego doprowadzić, nawet rozpłakać się. – A potem z uśmiechem dodała: – Wiedziałam, że jesteś wrażliwy na łzy, a ponieważ nie było cię stać na nic więcej ponad żałosne wymówki, oto następne dziesięć zestawów. Teraz idź i sprzedaj je co do jednego.

Jako menedżer sprzedaży zbladłem, słysząc jej słowa.

Moja matka udowodniła, że niepoprzestawanie na wymówkach może dać wspaniałe rezultaty. Udało jej się przewyższyć pozostałych ochotników w skali czternaście do jednego. W efekcie sprzedała siedem tysięcy losów, a druga co do wyniku osoba jedynie pięćset.

Ja zaś nauczyłem się nowego rozróżnienia między czasem a rezultatami. Zawsze chciałem otworzyć własny interes, lecz stale mówiłem tylko, że jeszcze nie nadszedł właściwy czas, a ja nie mam kapitału. Potem jednak słyszałem w głowie głos matki, który powtarzał:

– Albo robisz to, co chcesz, albo wymyślasz najdziwniejsze powody, dla których tego zrobić nie możesz.

Sześć miesięcy później odszedłem z firmy i założyłem własną, gdzie szkolę ludzi w zarządzaniu czasem. A co innego niby mógłbym robić?

Nicholas Economou

Dlaczego trenerzy trenują

Entuzjazm jest jak prąd elektryczny, który sprawia, że pociąg życia pędzi z największą szybkością...

B. C. Forbes

Był lipiec. Po trudnym okresie rekrutacji i w obliczu nadchodzącego wyjątkowo ciężkiego sezonu, miałem wrażenie, że jest to niezwykle wyczerpujący rok. Jako główny trener drużyny futbolowej w Canisius College w Buffalo w stanie Nowy Jork przed dwoma sezonami podjąłem się niemal niewykonalnego zadania: koordynowania programu futbolowego, jakiego nie było tu od dwudziestu pięciu lat. Po przetarciu szlaków i odwiedzeniu nieskończonego łańcucha liceów i domów uczniów sportowców zgromadziłem najwspanialszą drużynę wschodzących gwiazd futbolu, jakie kiedykolwiek udało mi się zwerbować.

W pewnym momencie coś jednak wytrąciło mnie z samozadowolenia, w które się już zagłębiłem. Moja sekretarka poinformowała mnie, że jakiś młody człowiek nalega na spotkanie ze mną – właśnie, nie prosi o spotkanie, ale nalega w dość głośnym i natarczywym stylu. Spytałem, czy wygląda jak „typowy futbolista" (potężny, wredny i pewny siebie).

– Nie, nie, raczej jak gość, który lubi się pobawić i ewentualnie od czasu do czasu pouczy się, jeśli musi.

Poprosiłem, żeby powiedziała chłopakowi, że przyjmę

go na rozmowę, ale wcześniej niech powie, na jakiej pozycji grywał, i niech wypełni kwestionariusz.

Za trzydzieści sekund znów miałem ją w gabinecie.

– Ma pięć stóp i jedenaście cali, waży sto sześćdziesiąt pięć funtów i gra na pozycji drugiego obrońcy. Nie ma najmniejszych szans.

Obaj nasi obrońcy ważyli ponad dwieście dwadzieścia pięć funtów, mieli powyżej sześciu stóp wzrostu i ćwiczyli już od dwóch lat.

Jak może potwierdzić każdy akademicki trener, większość czasu zabierają człowiekowi sportowcy typu „chciałbym", którzy domagają się gry tak długo, dopóki nie okazuje się, że trzeba przychodzić na treningi. Przygotowałem się więc na kolejną przeprawę w tym stylu, nie miałem jednak najmniejszej szansy, by przygotować się na to, co dopiero miało się wydarzyć. I to nie tylko w ciągu następnych trzydziestu sekund, ale... przez całe moje życie.

Wychyliłem się z gabinetu i zostałem powitany przez istną lawinę entuzjazmu.

– Dzień dobry, trenerze Brooks. Nazywam się Michael Gee. Pisze się G-E-E. Założę się, że nigdy pan o mnie nie słyszał, ale na pewno pan jeszcze usłyszy. Gwarantuję!

– Masz rację. Nie mam pojęcia, kim jesteś, i nie wiem też, po co przyszedłeś. Zakończyliśmy już rekrutację i za jakieś sześć tygodni zaczynamy treningi. Lista jest zamknięta. Przykro mi, ale... – nie dokończyłem.

– Trenerze, już się wszystkiego dowiedziałem. Futbol wchodzi w zakres zajęć uczelnianych. Zdawałem egzaminy i przyjęto mnie na pierwszy rok. Chcę wejść do drużyny. Musi pan mi pozwolić. Znam zasady, proszę pana, ale niech mi pan pozwoli wyjaśnić, jak mógłbym panu pomóc. W zeszłym roku jeszcze przed sezonem wybrano mnie na zawodnika. Zacząłem sezon. Ciągle czułem się zmęczony, wyczerpany i nie mogłem forsować nogi. Poszedłem więc do lekarza. Wieści nie były pomyślne: złośliwy nowotwór w udzie. Ale teraz już wszystko w porządku. Zaręczam. Chemoterapia i rehabilitacja zrobiły swoje. Trenerze, wiem, że mogę panu pomóc. Gwarantuję! Mogę nawet milę przebiec bez przystanku.

To, co powiedział, raczej mnie zniechęciło. Przede wszystkim zażądałem zgody lekarza i otrzymałem ją. Następnie zapytałem, czy zgadzają się rodzice, a on wręczył mi od nich stosowny list. Zdobył mnie.

Jak się okazało, Michael Gee zdobył mnie na następne cztery lata. Bardziej precyzyjnie rzecz biorąc, to ja miałem szczęście posiadać go w drużynie. Przez trzy mecze na jego pierwszym roku zaczynał grę. Prowadził i zagrzewał drużynę do walki. Nasz inspirujący przywódca Michael został wreszcie jej kapitanem. Kiedyś otrzymał nawet tytuł najlepszego zawodnika futbolu amatorskiego w Ameryce! Dodatkowo znajdował się na liście najlepszych studentów i aktywnie udzielał się w różnych dziedzinach życia akademickiego.

Poza tym Michael Gee umiał smakować życie. Kiedy świętowałem pięćdziesiąte zwycięstwo w swojej trenerskiej karierze, to Mike Gee był pierwszym zawodnikiem, który mi pogratulował. Gdy pokonaliśmy naszego największego rywala, to on niósł mnie na ramionach. Kiedy przegraliśmy naprawdę ciężki mecz, to Mike Gee jako pierwszy powiedział:

– Hej, trenerze, to tylko gra.

Mike Gee był też pierwszym opiekunem naszego synka i mam nadzieję, że mój syn kiedyś będzie do niego podobny.

Często zastanawiam się nad tym, dlaczego pojawił się w moim życiu. Rzecz jasna, nie znam odpowiedzi na to pytanie, ale jedno mogę stwierdzić z całą pewnością. Od Mike'a Gee nauczyłem się więcej, niż sam miałem okazję nauczyć jego – oto wielki dar, dzięki któremu trenerzy nadal trenują.

William T. Brooks

Świeć swoim światłem

Istotą geniuszu jest wykorzystanie najprostszego pomysłu.

Charles Peguy

Daleko stąd, w niewielkim mieście, pewien człowiek otworzył własny interes – mały sklepik na skrzyżowaniu dwóch ulic. Mężczyzna ten był dobrym człowiekiem. Z ludźmi postępował uczciwie i po przyjacielsku, więc klienci lubili go. Kupowali jego towary i polecali go znajomym. Interes kwitł i powiększał się. W przeciągu lat z jednego sklepiku powstała sieć handlowa od oceanu do oceanu.

Pewnego dnia mężczyzna zachorował i zabrano go do szpitala. Lekarze obawiali się, że jego życie dobiega końca. Wezwał więc trzech dorosłych synów i dał im pewne zadanie:

– Jeden z was zostanie prezesem firmy, którą budowałem przez całe życie. Aby podjąć decyzję, który z was zasługuje na to stanowisko, każdemu wręczę banknot jednodolarowy. W ciągu dzisiejszego dnia postarajcie się kupić za niego jak najwięcej, pamiętajcie jednak, że zwycięży ten z was, czyje zakupione rzeczy wypełnią mój szpitalny pokój od ściany do ściany.

Synowie poczuli się niezmiernie podekscytowani możliwością posiadania tak ogromnej firmy. Każdy z nich udał się do miasta i wydał swojego dolara. Kiedy powrócili wieczorem do szpitala, ojciec zapytał:

– Mój najstarszy synu, jak wydałeś swojego dolara?

– No cóż, ojcze – odpowiedział syn. – Pojechałem na farmę przyjaciela i kupiłem od niego dwie bele siana. Następnie udał się na korytarz, wniósł bele do pokoju, rozwiązał sznurek i zaczął rozrzucać siano w powietrzu. Przez chwilę wydawało się, że źdźbła wypełniają cały pokój, za moment jednak osiadły na podłodze i okazało się, że nie zapełniły go od ściany do ściany tak, jak nakazał ojciec.

– Mój średni synu, a ty jak spożytkowałeś swojego dolara?

– Ja kupiłem dwie poduszki – odpowiedział, po czym wniósł je do środka, rozpruł i rozrzucił pierze po pokoju. Z czasem jednak pióra również osiadły na podłodze i nie zdołały wypełnić pokoju.

– A ty, mój najmłodszy synu? Co ty uczyniłeś ze swoim banknotem?

– Wziąłem go i udałem się do takiego sklepiku, jaki ty miałeś wiele lat temu – odpowiedział syn. – Tam rozmieniłem mojego dolara na drobne i włożyłem monety do kieszeni. Pięćdziesiąt centów zainwestowałem w coś bardzo wartościowego, tak jak nakazuje Biblia. Następne dwadzieścia centów wpłaciłem dwóm organizacjom dobroczynnym w naszym mieście. Pozostałe dwadzieścia centów przeznaczyłem na ofiarę w naszym kościele. Została mi dziesięciocentówka, za którą kupiłem dwie rzeczy.

Najmłodszy syn wyjął z kieszeni pudełko zapałek i małą świeczkę. Zapalił ją, wyłączył światło, lecz okazało się, że pokój i tak jest go pełen. Był wypełniony od ściany do ściany nie sianem ani pierzem, lecz światłem.

Ojciec się uradował.

– Doskonale, synu. To właśnie ty zostaniesz prezesem firmy, ponieważ pojąłeś już pewną istotną życiową lekcję. Rozumiesz, w jaki sposób człowiek pozwala świecić własnemu światłu. To bardzo dobrze.

Nido Qubein

Rozwój duchowy w Banku Światowym

Z własnego doświadczenia nauczyłem się takiej rzeczy: Jeśli ktoś zmierza pewnie w kierunku swoich marzeń i naprawdę pragnie żyć tak, jak sobie wyobraził, osiągnie sukces, o jakim nawet nie myślał w szare, pracowite dni.

Henry David Thoreau

Pod koniec 1992 roku zbliżałem się do ukończenia drugiej wersji mojej książki *A Guide to Liberating Your Soul (Droga do wyzwolenia duszy).* Żeby zasięgnąć opinii czytelników, zaprosiłem kilkunastu kolegów z Banku Światowego, zainteresowanych rozwojem duchowym, do dyskusji nad teoriami i ideami zawartymi w książce. Tak rozpoczęła się seria przerw na lunch spędzanych nad zamawianym jedzeniem.

Kilka tygodni później przyjąłem nową posadę asystenta wicedyrektora i dwóch kolegów z naszej grupy dyskusyjnej zapytało, czy nie mam zamiaru sformować grupy doskonalenia duchowego. Sądząc, że będę na to zbyt zajęty, poprosiłem wewnętrzny głos o wskazówkę, o jakiś znak od mojej duszy.

Już po kilku dniach zadzwoniły do mnie dwie nieznajome kobiety, które czytały raport z seminarium, jakie przeprowadziłem w Republice Południowej Afryki na temat wyzwolenia duszy. I one pracowały w mojej firmie, więc zapytały, czy nie myślałem o utworzeniu grupy rozwoju duchowego w Banku Światowym. Nie miałem zbyt wiele czasu na organizowanie czegoś podobnego, ale powiedziały, bym się nie martwił.

– Po prostu powiedz nam, co trzeba zrobić, a wszystkim się zajmiemy.

Otrzymałem więc znak, o który prosiłem, i w taki sposób narodziło się Stowarzyszenie Rozwoju Duchowego (SRD). Do naszych celów należało:

• promowanie osobistej przemiany poprzez samopoznanie i zrozumienie oraz przebudzenie wyższej świadomości;

• stworzenie bezpiecznego forum dla wymiany poglądów i idei prowadzących do duchowego przebudzenia;

• integracja wyższej świadomości z każdym aspektem życia;

• dążenie do tworzenia w obrębie Banku Światowego świadomości miłości i zrozumienia, co przyczyni się do przebudowy sposobów komunikowania się.

W ciągu kilku miesięcy, które upłynęły od pierwszego spotkania, na zebrania zaczęło uczęszczać od czterdziestu do pięćdziesięciu osób. Mimo iż początkowo uczestnicy obawiali się, że ich koledzy mogą dziwnie reagować na wieść o stowarzyszeniu, już wkrótce bycie członkiem SRD należało do działań ogólnie szanowanych.

Po jakimś czasie spotkało nas wielkie wyróżnienie. Pismo „Washington Post" zamieściło artykuł o stowarzyszeniu. Dyrekcji firmy szczególnie spodobał się następujący cytat: „Bank Światowy, na rogu Osiemnastej i H w Nowym Jorku, typowy instytucjonalny filar w strukturze finansowej Waszyngtonu, zaczyna sobie zyskiwać reputację wielce oświeconej instytucji". Już wkrótce zaczęli do nas dzwonić ludzie pracujący w centrum, którzy chcieli brać udział w naszych cotygodniowych spotkaniach.

Liczba członków stowarzyszenia wzrosła do czterystu osób. Powołaliśmy odbywające się raz w miesiącu sesje medytacji, stworzyliśmy specjalistyczne grupy zainteresowań, dwie serie rekolekcji i publikowaliśmy dwa biuletyny. Członkowie donosili, iż spotkania wywierają głęboki wpływ na ich życie zawodowe i prywatne. Po prostu zapewniały pokarm ich duszom.

Zarząd SRD wyszedł z pomysłem zorganizowania międzynarodowej konferencji, której celem miało być odkrywanie powiązań między wartościami duchowymi a wszechstronnym rozwojem. Po wstępnych wahaniach Bank Światowy wyraził zgodę na jej sponsorowanie. Salę konferencyjną wypełniło ponad trzystu pięćdziesięciu uczestników z dwudziestu państw. Słyszałem, jak ludzie mówili: „To nie do wiary".

Świat nie mógł uwierzyć, że tak konserwatywny monolit organizuje konferencję na temat wartości moralnych i duchowych w rozwoju. Rzeczywiste znaczenie konferencji i Stowarzyszenia Rozwoju Duchowego polegało na tym, iż pracownicy Banku mają obecnie pozwolenie na głośne mówienie o wartościach duchowych w rozwoju i o wkładaniu w pracę duszy i serca.

Richard Barrett

Następny *Balsam dla duszy*?

Wiele opowiadań i wierszy, które przeczytaliście w tym tomie, nadesłali nam ludzie tacy jak wy – czytelnicy poprzednich części *Balsamu dla duszy*. Zapraszamy was więc do nadsyłania historii, wierszy lub artykułów, które waszym zdaniem powinny się znaleźć w kolejnej części tej książki. Mogą to być opowiadania, które wytniecie z gazety, czasopisma lub biuletynu kościelnego czy gazetki wydawanej w pracy. Może to być wasz ulubiony cytat zdjęty z drzwi lodówki, napisany własnoręcznie wiersz lub osobiste doświadczenie, które głęboko was poruszyło.

Oprócz tego, że planujemy wydanie kolejnego tomu *Balsamu dla duszy pracującej*, mamy zamiar publikować jeden tom *Balsamu dla duszy* rocznie. Planujemy specjalne wydania książki dla nauczycieli, rodziców, handlowców, nastolatków, sportowców i miłośników zwierząt, a także wyjątkowy tom opowiadań humorystycznych pod tytułem *Chicken Soup for the Laughing Soul*, a także edycję opowieści gwiazdkowych.

Dlatego piszcie do nas. Materiały nadsyłajcie pod adresem:

Chicken Soup for the Soul
P.O. Box 30880, Santa Barbara, CA 93130
fax: 805-563-2945, e-mail: soup4soul@aol.com

Zapewniamy, że wasze prawa autorskie pozostaną nie naruszone i z góry dziękujemy.

Wykłady, seminaria i warsztaty: Możecie również kontaktować się z nami pod powyższym adresem w sprawie prelekcji lub informacji na temat wydawanych przez nas biuletynów, innych książek, kaset, warsztatów oraz treningów.

Kim jest Jack Canfield?

Jack Canfield jest jednym z czołowych amerykańskich ekspertów w dziedzinie rozwoju potencjału i możliwości człowieka. Jack jest dynamicznym i porywającym mówcą, a zarazem szeroko poszukiwanym trenerem, który wyróżnia się cudowną umiejętnością zaszczepiania słuchaczom wiary we własne siły i chęci do efektywnego działania.

Jest autorem i narratorem wielu programów na kasetach magnetofonowych i wideo, które spotkały się z entuzjastycznym przyjęciem. Zaliczają się do nich takie nagrania, jak choćby *Self-Esteem and Peak Performance, How to Build High Self-Esteem, Self-Esteem in the Classroom* oraz *Chicken Soup for the Soul – Live*. Pojawia się regularnie w programach telewizyjnych, takich jak *Good Morning America, 20/20* i *NBC Nightly News*. Jack współpracował przy tworzeniu licznych książek, do których zalicza się seria *Balsam dla duszy*, a także *Dare to Win* i *The Aladdin Factor* (wszystkie z Markiem Victorem Hansenem), *100 Ways to Build Self-Concept in the Classroom* (z Haroldem C. Wellsem) oraz *Heart at Work* (z Jacqueline Miller).

Jack występuje cyklicznie na spotkaniach profesjonalnych stowarzyszeń, w szkołach, agencjach rządowych, kościołach, szpitalach, jak również w organizacjach i korporacjach handlowych. W szeregach jego klientów pojawiły się American Dental Association, American Management Association, AT & T, Campbell Soup, Clairol,

Domino's Pizza, GE, ITT, Hartford Insurance, Johnson & Johnson, Million Dollar Roundtable, NCR, New England Telephone, Re/Max, Scott Paper, TRW oraz Virgin Records. Jack wykłada też w Income Builders International, uczelni dla przedsiębiorców.

Jack rokrocznie prowadzi ośmiodniowy kurs dla trenerów w zakresie samooceny i efektywnego działania, który przyciąga pedagogów, kuratorów, instruktorów, zawodowych mówców, księży oraz tych wszystkich, którzy zainteresowani są rozwojem swoich umiejętności przemawiania i prowadzenia seminariów.

Aby uzyskać dalsze informacje o książkach, kasetach lub kursach Jacka czy też zaprosić go na prezentację, prosimy kontaktować się z nim pod adresem:

The Canfield Training Group
P.O. Box 30880 · Santa Barbara, CA 93130
tel. 800-237-8833, fax 805-563-2945
adres internetowy: http://www.chickensoup.com
aby przesłać wiadomość pocztą elektroniczną:
soup4soul@aol.com
aby otrzymać informacje pocztą elektroniczną:
chickensoup@zoom.com

Kim jest Mark Victor Hansen?

Mark Victor Hansen jest zawodowym mówcą, który w ciągu ostatnich dwudziestu lat przeprowadził ponad cztery tysiące wykładów dla przeszło dwóch milionów ludzi w trzydziestu dwóch krajach. Jego prezentacje obejmują wyznaczanie strategii i doskonalenie umiejętności sprzedaży, zaszczepianie wiary we własne możliwości i pobudzanie rozwoju jednostki oraz przekazywanie metod potrajania dochodów, a przy tym podwajania czasu wolnego.

Mark czuje się powołany do wywierania pozytywnego wpływu na życie innych ludzi. Zainspirował setki tysięcy swoich słuchaczy do tworzenia lepszej i bardziej wartościowej przyszłości, a jednocześnie ożywił sprzedaż towarów i usług wartych miliardy dolarów.

Mark jest cenionym pisarzem, spod którego pióra wyszły takie pozycje, jak choćby *Future Diary, How to Achieve Total Prosperity* oraz *The Miracle of Tithing*. Jest też współautorem serii *Balsam dla duszy*, jak również *Dare to Win, The Aladdin Factor* (wszystkie z Jackiem Canfieldem) oraz *The Master Motivator* (z Joe Batten).

Mark stworzył również kompletną bibliotekę kaset magnetofonowych i wideo z nagraniami, które pomagają słuchaczom rozpoznać i zużytkować swoje wewnętrzne możliwości w życiu zawodowym i osobistym. Jego działalność uczyniła zeń popularnego gościa programów radiowych i telewizyjnych. Został zaproszony między innymi do ABC, NBC, CBS, HBO, PBS oraz CNN. Pojawił się też na okładkach niezliczonych czasopism, jak na przykład „Success”, „Entrepreneur” i „Changes”.

Mark to wielki człowiek o równie ogromnym sercu i duchu – inspiracja dla tych wszystkich, którzy pragną stać się lepszymi.

Możecie skontaktować się z Markiem pod adresem:

P.O. Box 7665
Newport Beach, CA 92658
tel: 714-759-9304 lub 800-433-2314
fax: 714-722-6912

Kim jest Maida Rogerson?

Urodzona na Wyspie Księcia Edwarda w Kanadzie (w scenerii, w której toczy się akcja *Ani z Zielonego Wzgórza*) Maida Rogerson jest aktorką, piosenkarką i pisarką. Jej godna uwagi trzydziestoletnia kariera teatralna i telewizyjna przywiodła ją znad Atlantyku nad Pacyfik, z północnej Kanady do Hollywood. Grała w filmach *Between Friends* z Elizabeth Taylor i Carolem Burnettem oraz *Heartsounds* z Mary Tyler Moore i Jamesem Garnerem. Studiowała również operę we Włoszech i występowała dla królowej brytyjskiej Elżbiety II.

Maida z zapałem zgłębia najróżniejsze środki artystycznego wyrazu. Uwielbia czytać, szczególnie interesują ją różnice kulturowe, sztuka ludowa, muzyka świata i tańce etniczne. Podczas licznych podróży odwiedziła Bliski Wschód, Amerykę Południową i Europę. Dokądkolwiek się udaje, zbiera tam poruszające duszę opowieści i otwiera ludzkie serca na bogactwo i radość życia.

Od czasu przeprowadzki do Stanów Zjednoczonych w 1990 roku Maida pracuje wraz z mężem, Martinem Rutte, zgłębiając możliwości zastosowania wartości duchowych w miejscu pracy. Jej wkład w ich wspólną firmę Livelihood ogniskuje się wokół pisania referatów, przeprowadzania badań i organizowania warsztatów. Kontynuuje karierę aktorską, ostatnio zaś ukończyła dwa scenariusze. Obecnie zbiera materiały do dwóch książek na temat potęgi uznania oraz porządku jako środka do upraszczania życia.

Praca Maidy odzwierciedla jej głębokie zaangażowanie w pomoc ludziom i zachęcanie ich do otwarcia serc, by mogli doświadczyć jedności całego rodzaju ludzkiego. Uważa, że opowiadanie historii, czy to poprzez teatr, książki czy też przez inne media ma moc poruszania, inspirowania i przemieniania naszego wnętrza.

Jeśli chcecie się z nią skontaktować, piszcie pod adresem:

Livelihood
64 Camerada Loop
Santa Fe, NM 87505
tel. 505-466-1510, fax 505-466-1514

Kim jest Martin Rutte?

Martin Rutte jest mówcą i konsultantem działającym w wielu krajach. Jako prezes firmy konsultingowej Livelihood w Santa Fe w Nowym Meksyku zajmuje się głębszym znaczeniem pracy i jej wkładu w życie społeczne. Do zakresu działań jego firmy należą wizja strategiczna, duch pracy i twórcze kierowanie.

Martin współpracuje z takimi instytucjami jak Southern California Edison, Sony Pictures Entertainment, Labatt Breweries, World Bank, Quad/Graphics, Virgin Records i London Life Insurance, pomagając im rozszerzać horyzonty i stwarzać lepsze perspektywy na przyszłość. Był pierwszym Kanadyjczykiem, który przemawiał na Corporate Leadership & Ethics Forum w Harvard Business School, gdzie zresztą powracał przez kolejne cztery lata z gościnnymi prelekcjami. Dwukrotnie występował na połączonym spotkaniu Amerykańskiej i Kanadyjskiej Izby Handlowej w Hongkongu.

Martin Rutte jest prekursorem wyłaniającego się obecnie nurtu duchowego podejścia w miejscu pracy. Aktywnie działa na rzecz ponownego połączenia biznesu z jego naturalnymi źródłami twórczości, innowacji i współczucia. Jego pionierską aktywność na tym polu przedstawił program telewizji ABC *Twórczość: dotykanie boskości*. Martin znalazł się też jako główny prelegent na pierwszej Międzynarodowej Konferencji na temat Duchowości w Biznesie w Mazatlan w Meksyku.

Artykuły na temat jego innowacyjnej działalności ukazały się w „Miami Herald", „Toronto Star", „South China Morning Post", „Personnel Journal" i „St. Louis Post-Dispatch". Obecnie pracuje nad nową książką *Being in Business: The Renaissance of Spirit at Work*.

Martin jest członkiem rady nadzorczej Money Concepts Canada, pracuje też w radzie Global Family i The Hunger Project-Canada i jest członkiem komitetu Canadian Cancer Society. Uwielbia podróże zagraniczne i współpracę z innymi inspirującymi przedsiębiorcami.

Informacje na temat prelekcji, taśm i konsultacji Martina można zdobyć pod adresem:

Livelihood
64 Camerada Loop
Santa Fe, NM 87505
tel. 505-466-1510, fax 505-466-1514

Kim jest Tim Clauss?

Tim Clauss jest nauczycielem biznesu, organizatorem seminariów i utalentowanym doradcą duchowym. Jako osobisty konsultant kładący nacisk na wiedzę intuicyjną miał okazję wspierać wiele osób w dążeniu do lepszych wyników pracy i poprawy jakości życia. Jest człowiekiem ogólnie szanowanym za swoją wizję, inspirację, wyczucie sytuacji i zaangażowanie w pozytywną przemianę wewnętrzną w ludzkim życiu.

Od dwudziestu lat udziela się jako profesjonalny organizator, wspomagając ludzi i firmy we „wprowadzaniu porządku" i wydajności w swoim otoczeniu. Do jego klientów należały i należą korporacje, szpitale, przedsiębiorcy, instytucje dobroczynne oraz organizatorzy kampanii wyborczej wiceprezydenta Stanów Zjednoczonych, w której służył jako koordynator operacyjny.

Tim uwielbia też pisanie. Jako wiceprezes i lider seminariów w firmie menedżerskiej z siedzibą w Chicago był współorganizatorem serii treningów *The Success Factor, Managing for Extraordinary Results* i *Completing to Move On*. Będąc członkiem Global Family – organizacji pokojowej mającej swoje przedstawicielstwa w czterdziestu państwach – stał się współautorem pozycji *Social Creativity and Cooperation for the 1990s*, działa też jako doradca i redaktor międzynarodowego biuletynu organizacji.

Obecnie Tim mieszka w północnej części stanu Nowy Meksyk, gdzie pracuje jako partner Taos Massage &

Wellness Center. Oprócz zajęcia konsultanta radość przynosi mu nauczanie biznesu. Następna książka Tima mówi o wnoszeniu porządku i prostoty w pełne zajęć, stresujące życie człowieka interesu. Jego adres:

P.O. Box 1777
Ranchos de Taos, NM 87557
tel. 505-751-1492

Współautorzy

Niektóre opowiadania z niniejszego zbioru pochodzą z książek, które czytaliśmy, inne przekazali nam nasi przyjaciele. Gdybyście chcieli skontaktować się z nimi w sprawie informacji na temat książek, kaset i seminariów ich autorstwa, możecie skorzystać z adresów i telefonów podanych poniżej. Tam również zamieszczamy informacje o osobach takich jak wy, które odpowiedziały na nasz apel i przysłały nam interesujące opowieści.

Robert R. Ball jest dyrektorem California Self-Esteem Task Force oraz znanym w kraju i za granicą mówcą i autorem książek na temat porozumiewania się i poczucia własnej wartości. Wygłasza prelekcje w korporacjach, szkołach, stowarzyszeniach i na statkach. Adres: 572 Schooner Ln., Longboat Key, FL 34228.

Francie Baltazar-Schwartz jest profesjonalną mówczynią, która motywuje słuchaczy do działania. Specjalizuje się w strategiach komunikacji, szkoleniu kierowników/instruktorów oraz organizacji pracy zespołowej. Kontakt: Internet: http://www.spectracomm.com.; tel. 214-373-8075

Neil Balter jest autorem opowiadania *Potulni słuchacze*, będącego wyjątkiem z jego książki *The Closet Entrepreneur* (wyd. Career Press), którą można zamawiać pod telefonem 800-955-7373 lub adresem: Career Press, 3 Tice Rd., Franklin Lakes, NJ 07417.

Christine Barnes zajmuje się rozwojem organizacji i zarządzaniem zasobami ludzkimi, pracując w Kanadzie i Stanach Zjednoczonych. Obecnie pracuje dla wielkiego przedsiębiorstwa w San Francisco i poszukuje osób do wymiany kontaktów na temat duchowości w biznesie i zarządzaniu. Tel. 415-382-8552

Angela Barnett pracuje dla firmy ubezpieczeń zdrowotnych w Minneapolis, MN. Od wielu lat uwielbia opowieści. *Balsam dla duszy pracującej* stanowi dla niej wspaniałą sposobność podzielenia się własną autentyczną historią.

Richard Barrett, członek Zespołu Wartości Duchowych w Departamencie Zmian Instytucjonalnych i Strategii w Banku Światowym, mówca i instruktor o międzynarodowej sławie, specjalizujący się w zagadnieniach przemiany osobistej i grupowej. Założyciel Towarzystwa Rozwoju Duchowego w Banku Światowym, autor wysoko cenionej pozycji *A Guide to Liberating Your Soul.* Adres: P.O. Box 19926, Alexandria, VA 22320, tel. 703-768-9558

Ken H. Blanchard – prezes firmy konsultingowo-menedżerskiej Blanchard Training and Development. Autor wielu książek, m.in. bestsellera *The One Minute Manager,* popularny mówca i konsultant. Adres: Blanchard Training and Development, 125 State Pl., Escondido, CA 92029, tel. 800-728-6000

Sharon Borjesson – była nauczycielka szkoły podstawowej. Żona oficera marynarki i matka dwojga dzieci. Podróżowała i mieszkała w wielu miejscach naszego cudownego kraju. W 1969 r. osiadła w San Diego i rozpoczęła karierę w branży nieruchomości.

Helice Bridges jest pomysłodawczynią ceremonii wręczania błękitnej wstęgi z napisem „To, kim jestem, wiele znaczy". Jej przesłanie dotarło do ponad czterech i pół milionów ludzi na świecie. Jest znaną gawędziarką, pisarką i mistrzynią opowieści. Specjalizuje się w uczeniu ludzi, w jaki sposób w minutę lub nawet w krótszym czasie mogą wydobyć swoje najlepsze walory. Adres: P.O. Box 2115, Del Mar, CA 92014, tel. 619-634-1851, fax: 619-634-2746

William T. Brooks – były trener drużyny futbolowej college'u, występujący publicznie sto pięćdziesiąt razy do roku. Osiem książek jego autorstwa wraz z innymi pomocami treningowymi służy w codziennej pracy tysiącom instytucji. Adres: The Brooks Group, 1903 Ashwood Ct., Suite C, Greensboro, NC 27455, tel. 800-633-7762

Joyce Ayer Brown jest dyrektorką biura wolontariatu w domu opieki. W tego typu instytucjach pracuje już od osiemnastu lat. Pisuje inspirującą poezję i często wykorzystuje swoje wiersze w programach kościelnych lub występach dla pensjonariuszy domów opieki. Adres: 307 W. Elizabeth Dr., Raymore, MO 64083, tel. 816-331-1233.

Darrell J. Burnett, psycholog kliniczny i sportowy, znany w kraju mówca, konsultant i trener-amator ligi młodych. Od dwudziestu lat prowadzi prywatną praktykę w południowej Kalifornii, pracując z trudną młodzieżą i ich rodzinami. Specjalizuje się w pozytywnym rodzicielstwie. Niektóre z jego publikacji to *The Art of Being a Successful Youth League Manager-Coach* oraz *Youth, Sports and Self Esteem: A Guide for Parents* i wiele innych. Adres: Funagain Press, P.O. Box 7223, Laguna Niguel, CA 92607, tel. 800-493-5943; fax: 714-495-8204

Dave Carpenter od 1976 roku jest zawodowym rysownikiem komiksów. Jego prace ukazują się w licznych publikacjach, takich jak „Wall Street Journal", „Good Housekeeping", „Forbes", „Better Homes and Gardens" i „Saturday Evening Post". Adres: P.O. Box 520, Emmetsburg, IA 50536, tel. 712-852-3725

Chris Cavert to znany w kraju prezenter i instruktor gier i zabaw stymulujących rozwój społeczny. Napisał E.A.G.E.R Curriculum i szkolił profesjonalistów w zakresie opieki nad dziećmi. Adres: Experiential Specialists, P.O. Box 50191, Denton, TX 76206

Michael Cody – emerytowany generał brygady, mówca o międzynarodowej sławie, nauczyciel i gawędziarz. Specjalista od warsztatów w zakresie kierowania, motywacji, komunikacji i historii. Adres: 1716 Singletary NE, Albuquerque, NM 87112, tel. 505-293-3729

Charles A. Coonradt jest autorem książek *The Game of Work* i *Managing the Obvious*, które uważa się za lekturę obowiązkową menedżera. Jego firma, The Game of Work, Inc., od 1973 r. stale poprawia wydajność i zyskowność. Coonradt jest znanym pisarzem, mówcą i konsultantem. Z jego wyjątkowymi ideami zapoznał się już ponad milion ludzi. Adres: 1912 Sidewinder Dr, Suite 201, Park City, UT 84060, tel. 800-438-6074

Sandra Crowe – autorka warsztatów, mówczyni i instruktorka zajmująca się takimi tematami, jak „radzenie sobie z trudnymi ludźmi" i „zarządzanie w stresie". Autorka serii kaset pt. *Snakes, Apes & Bees: A Guide to Dealing with Difficult People* oraz książki *Since Strangling Isn't an Option... 12 Illuminating Ways to Deal with Difficult People.* Adres: Pivotal Point, 10836 Antigus Terr. #202, Rockville, MD 20852, tel. 301-984-7818

Joy Curci nazywana jest Forrestem Gumpem przemysłu sprzątania domów. Od niemal dwudziestu lat nosi przy sobie klucze otwierające ludzkie domy i sekrety ich prywatnego życia. Wiele z tych opowieści zawiera mająca się ukazać książka *Spring Cleaning for Your Soul.* Joy jest wspaniałą i motywującą mówczynią, właścicielką jednej z największych firm sprzątania domów na Północnym Wschodzie. Adres: 156 Seas Dr, Jamestown, RI 02835, tel. 401-423-3732

Kenneth G. Davis – lekarz domowy, specjalista od uzależnień i propagator problemów dotyczących troski o samego siebie oraz partnerskiej relacji pacjent-lekarz, które wyjaśnia w mającej się ukazać książce *Dancing with Your Doctor*. Tel. 409-756-3321

Mary Ann Dockins jest profesjonalną mistrzynią terapii metodą NLP oraz hipnotyzerką. Specjalizuje się w problemach poczucia własnej wartości, mocy wewnętrznej i motywacji. Sponsoruje również warsztaty dla pacjentów, którzy przechodzili raka. Od kilku lat prowadzi wystąpienia publiczne i występuje gościnnie w lokalnej telewizji i radiu. Adres: 2840 Laramie, Irving, TX 75062, tel. 214-256-1312

Nicholas Economou – pomysłodawca seminariów *Time On My Side.* Szkolił tysiące ludzi w zakresie organizacji i efektywnej strategii wyznaczania celów. Adres: RPO 50009, #15-1594 Fairfield Rd., Victoria, BC, Canada V8S 1GO, tel. 604-744-1296

Wyverne Flatt przemawia, prowadzi seminaria i działa jako konsultant od Bostonu do Puerto Rico i Honolulu. Jego zdaniem uczenie się i dojrzewanie to proces naturalny i radosny. Adres: 11107 Wurzbach Rd., Suite 103, San Antonio, TX, tel. 210-691-2264, fax: 210-691-0011

Celeste Fremon – wielokrotnie nagradzana dziennikarka, autorka *Father Greg and the Homeboys* (wyd. Hyperion) – relacji z życia członków gangu we wschodnim Los Angeles. Systematycznie pisuje do „Los Angeles Times Magazine" i innych pism krajowych.

Margaret J. Giannini – lekarka, była asystentka głównego dyrektora medycznego Wydziału do Spraw Weteranów Wojennych w Waszyngtonie. W 1979 r. prezydent Jimmy Carter przyznał jej stanowisko pierwszej dyrektorki Krajowego Instytutu Badań nad Upośledzeniami i Rehabilitacją. Autorka wielu publikacji i wystąpień publicznych w kraju i za granicą.

Barbara Glanz – pisarka, mówczyni i konsultantka specjalizująca się w twórczej komunikacji, budowaniu zaufania klienta i ożywianiu duchowego podejścia w miejscu pracy. Autorka *The Creative Communicator, Building Customer Loyalty* i *CARE Packages for the Workplace – Dozens of Little Things You Can Do to Regenerate Spirit at Work*. Adres: 4047 Howard Ave., Western Springs, IL 60558, tel. 708-246-8594, fax: 708-246-5123

Randy Glasbergen – jeden z najczęściej publikowanych twórców komiksów w Ameryce, autor ponad dwudziestu tysięcy komiksów i kilku książek wydanych w wielu krajach świata. Kontakt: Internet: http://www.norwich.net/~randy/toon.html.

Rick Halvorsen – trzydziestoczteroletni oficer resocjalizacji z Michigan. Swoją historię dedykuje ojcu, matce oraz żonie Kim, która była przy nim w chwilach dobrych i złych. Wspierała go również podczas wojny i natchnęła do napisania opowiadania *Z miłości do ojca*.

Jeff Hoye i jego firma Strategic Intent służą takim organizacjom jak Ford, Allied Signal i Blue Cross/Blue Shield, specjalizując się w roli wyższych urzędników w szerokich przemianach zespołowych. Tel. 303-415-2531.

Gary Hruska jest wiceprezesem do spraw publikacji w GTE Directories w Dallas/Fort Worth, Texas, gdzie koordynuje pracę Core Business Systems. Jako rzecznik procesów, dzięki którym jego firma zdobyła Malcolm Baldridge National Quality Award w 1994 r., Gary jest przewodniczącym komitetu, który promuje działania na rzecz podwyższania jakości pracy.

Susan Jeffers – autorka bestsellerów *Feel the Fear and Do It Anyway, End the Struggle and Dance with Life, Dare to Connect, Opening Our Hearts to Men, The Journey from Lost to Found, Thoughts of Power and Love* oraz serii zbiorów afirmacji *Fear-Less Series* i kaset (*Inner Talk for Peace of Mind, Inner Talk for a Confident Day, Inner Talk for a Love that Works*). Susan Jeffers jest popularną instruktorką warsztatów, mówczynią i częstym gościem wielu programów telewizyjnych i radiowych.

Gina Maria Jerome – pisarka, mówczyni, wydawca. Specjalizuje się w demonstrowaniu firmom, w jaki sposób zabiegać o klienta bez nadmiernej natarczywości i przesadnej reklamy. Kontakt: Over the Wire, jerome@overwire.com. Adres: 13492 Research Blvd., Ste. 120-126, Austin, TX 78750, tel. 512-257-1892.

Martin L. Johnson od ponad siedemnastu lat pracuje w przemyśle telekomunikacji dla Northwestern Bell, Pioneer Hi-Bred, Intl. i AT&T. Obecnie udziela się jako konsultant dla Comsys Data Services.

James Kennedy jest prezesem Success Seekers International i wspaniałym gawędziarzem. Jako uczestnik licznych działań na polu sportu, szczególnie wyróżniał się w koszykówce, grając w Team Canada i profesjonalnej lidze europejskiej. Współpracuje z różnymi instytucjami na całym świecie w zakresie obsługi klienta, jakości pracy, kierownictwa i pracy w zespole. Tel. 519-944-7554.

Marilyn Johnson Kondwani – mówczyni i kobieta interesu, której warsztaty na temat poczucia własnej wartości, umiejętności kierowania i aromaterapii inspirują uczestników do rozwijania pełnego potencjału. Współautorka *Chicken Soup for the Souls of Black Folks,* założycielka Treasure of Egypt Natural Products. Adres: P.O. Box 1923, Fairfield, IA 52556, tel. 515-472-1802.

„Lapis" to pismo oferujące całościowe podejście do wielu istotnych kwestii współczesnego życia. Prezentuje najświeższe idee wielu znanych, twórczych ludzi świata, poczynając od kwestii duchowych i ezoterycznych, a kończąc na analizach ekologicznych. Każdy numer zawiera wspaniałe felietony fotograficzne, poezję i opisy podróży. Tel. 212-334-0210.

John Lumsden przekształcił służby meteorologiczne Nowej Zelandii w efektywną firmę zajmującą się przetwarzaniem informacji na temat pogody, zaszczepiając pracownikom ducha wspólnego dążenia do entuzjastycznej wizji przyszłości. Kontakt: lumsden@met.co.nz., tel. 011-644-475-9404.

Nancy Noel Marra od szesnastu lat pracuje jako nauczycielka. Jest magistrem pedagogiki i często uczestniczy w naukowych konferencjach. W 1966 r. otrzymała Nagrodę Prezydenta za Wybitne Osiągnięcia w Nauczaniu Matematyki i Innych Przedmiotów Ścisłych. Uwielbia pisać i pracuje na to, by słowo „pisarka" stało się częścią jej życiorysu. Adres: 224 30th Ave. NE, Great Falls, MT 59404.

Hanoch McCarty – redaktor i mówca, twórca programów dotyczących strategii budowania zaufania wśród pracowników i klientów, uwalniania twórczego podejścia i maksymalizowania osobistej produktywności. Adres: Learning Resources, P.O. Box 66, Galt, CA 95632; e-mail: kindness@softcom.net, tel. 209-745-2212.

Dennis J. McCauley praktykuje sportową terapię zajęciową od 1975 r. Znany z umiejętności tworzenia atmosfery spokoju i troski, w której uczestnicy jego programów mogą się zregenerować, uzdrowić i przywrócić harmonię wewnętrzną. Dennis jest również instruktorem tai chi. Adres: 450 Sherwood Dr, #308, Sausalito, CA 94965, tel. 415-331-8880.

Jeff McMullen – mówca, gawędziarz i znany na świecie pisarz zajmujący się problematyką spełniania i wyprzedzania potrzeb klientów. Jeff często przemawia na temat motywacji, humoru, obsługi klienta, zmiany i efektywnego kierowania. Adres: 3315 N. Racine St., Appletion, WI 54911, tel. 414-954-9300.

Rachel Dyer Montross pracuje jako agent biura obsługi klientów Southwest Airlines na Los Angeles International Airport. Obecnie kończy studia w zakresie fizjologii i psychologii sportu, co pozwoli jej zostać osobistym trenerem.

Bob Moore – mistrzowski mówca, lider warsztatów ćwiczenia charakteru i zwiększania motywacji dla studentów i pracowników. Adres: 19-B Senate Plaza, Columbia, S.C. 29201, tel. 803-799-0493.

Sharon Drew Morgen wprowadziła zmiany do świata sprzedaży książką *Sales on the Line*, która promuje sprzedaż opartą na służeniu potrzebom kupującego. Pracuje jako instruktorka krzewiąca w firmach etyczne podejście do sprzedaży. Tel. 505-776-2509.

John i Ann Murphy – wyleczeni zawałowcy, którzy zajęli się terapią humorem. Wygłaszają prelekcje dla firm, stowarzyszeń i osób fizycznych, które cierpią na nadmiar stresu. Ich mottem życiowym jest hasło „Ten, kto się śmieje ostatni – przetrwa!" Adres: 4 Camelot Dr, Hingham, MA 02043.

Valerie Oberle jest członkinią zespołu w Disney World w Orlando na Florydzie od ponad dwudziestu pięciu lat. Odpowiada za programy rozwoju dla biznesmenów. Tel. 407-824-4855.

Sally K. O'Brien – prezes S.K. O'Brien, mówczyni, konsultantka, pisarka, nauczycielka i instruktorka specjalizująca się w umiejętnościach komunikacji. Wygłasza prelekcje oraz organizuje warsztaty w zakresie umiejętności prezentacji, sprzedaży i poczucia własnej wartości. Adres: P.O. Box 6522, Hilo, HI 96720, fax: 808-959-2344.

Jeffrey Patnaude – jeden z pionierów łączenia świata pracy z duchowością, nauczyciel, mówca, pisarz, konsultant i kapłan. Jako człowiek o twórczej i dynamicznej osobowości, która pomaga mu wyzwalać w swoich uczniach bodźce do przemiany wewnętrznej, przewodzi grupie osób służących firmom na całym świecie w zakresie kierownictwa, zarządzania i komunikacji. Adres: The Patnaude Group, 600 Colorado Ave., Palo Alto, CA 94306, tel. 800-275-5382

Rick Phillips – mówca o międzynarodowej sławie, specjalista od systemów sprzedaży opartych na dobru klienta, autor ponad stu artykułów. Tel. 800-525-PSSD (7773).

Kate Porter jest partnerem Demosoft Enterprises – firmy software/Internet, która specjalizuje się w edukacji.

Richard Porter – prezes i dyrektor Service Track Enterprises, Inc., firmy specjalizującej się w wysoko wyspecjalizowanej obsłudze klientów.

Nido Qubein – były prezes National Speakers Association, wybitny mówca na temat sprzedaży, zarządzania i marketingu. Autor m.in. *Get the Best from Yourself, Communicate Like a Pro* i *Professional Selling Techniques.* Adres: Creative Services, Inc., P.O. Box 6008, High Point, NC 27262, tel. 919-889-3010.

Marty Raphael od dwudziestu lat pracuje jako jedna z dyrektorek przedsiębiorstwa i na tym stanowisku ma okazję dzielić z innymi swoje inspiracje dotyczące wyższej świadomości. Autorka książki *Spiritual Vampires: The Use and Misuse of Spiritual Power.* Adres jej wydawcy: The Message Co., 4 Camino Azul, Santa Fe, NM 87505, tel. 505-474-0998.

Naomi Rhode – była prezes National Speakers Association, znana z inspirujących prelekcji wygłaszanych dla kręgów opieki zdrowotnej i biznesu. Współwłaścicielka i była prezes Smart Practice™ – firmy marketingowej, która dostarcza swoje wyroby i świadczy usługi instytucjom opieki zdrowotnej na całym świecie. Autorka dwóch inspirujących książek: *The Gift of a Family – A Legacy of Love* i *More Beautiful Than Diamonds – The Gift of Friendship.*

John Scherer – autor książki *Work and the Human Spirit* i serii filmów wideo *Breakthrough Series,* twórca Intensywnego Rozwoju Liderów – programu rozwoju umysłu, ćwiczenia ciała i pogłębiania wartości duchowych u następnego pokolenia liderów. Adres: The Center for Work and the Human Spirit, 421 West Riverside Ave., Spokane, WA 99201, tel. 509-838-8167.

Harley Schwadron jest twórcą komiksów, którego prace ukazują się regularnie w „Wall Street Journal", „Harvard Business Review", „National Law Journal", „Washington Post", „Des Moines Register" i wielu innych pismach. Adres: P.O. Box 1347, Ann Arbor, MI 48106, tel. 313-426-8433.

Michael Schandler – redaktor, prezes Vision Action Associates, firmy konsultingowej z Amherst w Massachusetts, specjalizującej się w rozwoju organizacji i kierowania. Schandler jest znanym w świecie mówcą i autorem siedmiu książek. Jego najnowsza pozycja *VROOM! Turbo Charged Team Building* została ogłoszona przez Kennetha Blancharda jako książka przełomowa. Adres: 47 Summer St., Amherst, MA 01002, tel. 413-459-1670.

Kenneth L. Shipley jest projektantem i pisarzem, którego specjalność stanowią pomysły i hasła do drukowanych materiałów z dziedziny marketingu. Jego prace zostały nagrodzone ponad pięćdziesięcioma nagrodami od organizacji o zasięgu krajowym i międzynarodowym. Adres: 15965 York Rd., Cleveland, OH 44133, tel. 216-582-4183.

Joanna Slan jest wielokrotnie nagradzaną mówczynią i instruktorką, autorką dwóch i współautorką pięciu książek, specjalistką od spraw płci, obsługi klientów i równowagi. Adres: 7 Ailanthus Ct., Chesterfield, MO 63005, tel. 800-356-2220; e-mail joannaslan@aol.com.

Jeff Slutsky – międzynarodowy specjalista od marketingu bez pieniędzy. Autor książek *StreetSmart Tele-Selling* i *How to Get Clients*, gość telewizji PBS. Adres: Street Fighter Marketing, Columbus, OH, tel. 614-337-7474.

Linda Stafford – autorka *Crying Wind* i *My Searching Heart* pracuje właśnie nad cyklem romansów. Mieszka na Hawajach z czwórką dzieci.

LaVonn Steiner – znana w kraju i za granicą mówczyni i konsultantka, menedżer, autorka trzydziestu czterech seminariów na temat wystąpień, w czym się specjalizuje. Wpływa na podejście do pracy u swoich uczniów i motywuje ich do zmiany. Adres: EXCEL Corp., tel. 701-255-1919.

Mike Stewart specjalizuje się w udzielaniu pomocy firmom handlowym w zakresie przezwyciężania oporów przed sprzedażą przez telefon oraz w zwiększaniu wydajności. Adres: Atlanta, GA, tel. 770-512-0022.

G. Stillwagon – pisarz, wykładowca, badacz, wynalazca i racjonalizator. Zasłużony dla chiropraktyki ze względu na wkład w badania nad dermatermografem i elektroniczną termografią podczerwoną, dzięki której postępy pacjenta można dokumentować wizualnie metodą całkowicie nieinwazyjną. Adres: Stillwagon Seminars, Inc., 767 Dry Run Rd., Monongahela, PA 15063, tel. 412-258-6553, fax:412-258-5611

Judy Tatelbaum – znany autorytet w kwestii smutku, autorka książek *The Courage to Grieve* i *You Don't Have to Suffer*, inspirująca mówczyni i instruktorka zachęcająca słuchaczy do pełniejszego życia. Adres: P.O. Box 601, Carmel Valley, CA 93924, tel. 408-659-2270.

Mike Teeley – profesjonalny mówca i konsultant. Jego warsztaty na temat obsługi klienta i zarządzania przemiany zyskały mu sławę w całym kraju. Pracuje w Service Advocate, ostatnio zaś opublikował *Change and the Challenge of Leadership: A Handbook for Organizational Excellence.* Adres: Service Advocate, 3 Butch Songin Circle, S. Walpole, MA 02071, tel. i fax 508-668-1759.

Art Turock – mówca występujący w kraju i za granicą z prelekcjami na temat zmiany, kierowania i wewnętrznego umocnienia. Idee Arta opisywały pisma „Success", „USA Today" i „The One-Minute Manager". Odbywając ponad dwieście wywiadów rocznie, dynamicznie prezentuje zawsze odpowiednio przygotowany materiał. Telefon w Seattle 206-827-5238.

Glen Van Ekeren – mówca oscylujący wokół tematyki rozwoju osobistego, grupowego i profesjonalnego. Specjalista od zasobów ludzkich, autor bestsellera *The Speaker's Sourcebook I i II* oraz poprawionej wersji

Braude's Treasury of Wit and Humor oraz *The Complete Speaker's & Toastmaster's Library*. Adres: People Building Institute, 330 Village Circle, Sheldon, IA 51201, tel. 712-324-4873.

Denis Waitley – znany pisarz i wykładowca.

Ann Walton – pełna ciepła, inspirująca konsultantka i prezenterka specjalizująca się w problematyce przemiany i przekształceń. Na początku tego roku wydała kasetę z materiałem do medytacji, pt. *Enhancing the Journey*. Adres: #902-1433 Beach Ave., Vancouver, BC, V6G 1Y3, Canada, tel. 604-682-1626.

Ann E. Weeks to znana mówczyni, która prezentuje słuchaczom wiele użytecznych strategii radzenia sobie z zawiłościami codziennego życia. Ann specjalizuje się w okraszaniu swoich prezentacji wielką dozą humoru i autentycznymi opowieściami, dzięki czemu słuchanie jej to wyjątkowa przyjemność. Adres: P.O. Box 5093, Louisville, KY 40205, tel. 502-458-2461.

Mike Wickett – rozchwytywany mówca, lider warsztatów i instruktor handlowy działający w małych i dużych firmach takich, jak: IBM, McDonald's, Boise Cascade, Transamerica, Aetna, State Farm, Century 21 i Northwestern Mutual Life. Obecnie prezes własnej firmy konsultingowej Mike Wickett Enterprises.

Steven B. Wiley – mówca, gawędziarz, którego słuchają pracownicy największych przedsiębiorstw świata. Jego wyjątkowe umiejętności marketingowe, kierownicze i interpersonalne chwalono w najróżniejszych publikacjach takich, jak: „Venture", „Entrepreneur, Inc." i „USA Today". Steve specjalizuje się w tematyce sprzedaży, kierowania i motywacji. Tel. 717-359-8733, adres: The Wiley Group, 1790 Hoffman Home Rd., Littlestown, PA 17340.

Jonathan Wygant jest prezesem Consciousness Unlimited, która szkoli światowej klasy konsultantów, mówców i instruktorów dla przedsiębiorstw zainteresowanych przekształceniem swoich miejsc pracy w instytucje kierowane sercem. Jego firma wysyła ekspertów z zakresu komunikacji, kierowania, innowacji, produktywności i integracji. Adres: Consciousness Unlimited, 3079 Calle Pinon, Santa Barbara, CA 93105, tel. 805-569-0654; fax: 805-569-9826; e-mail: resource@consciousu.com.

Mohammad Yunus jest założycielem i dyrektorem Grameen Bank w Bangladeszu.

Aaron Zerah – interreligijny duchowny, przedsiębiorca kierujący się zasadami duchowymi, autor książki *From Heaven to Earth: Spiritual Living in a Market-Oriented World*. Znany jako mówca, autor artykułów prasowych i nauczyciel, dyrektor Interfaith Seminary. Adres: 917 Windsor, Santa Cruz, CA 95062, tel. 408-459-9484.

Spis treści